本屋、ひらく。

生活のある町の中で

町の本屋という自由な場所で

東京・代田橋で2021年に開店した、バックパックブックス。駅から数十秒でたどり着く、三畳半の本屋を営む宮里祐人さんがお店で並べているのは、趣味を反映した旅や山、映画や音楽の本が多い。それを目当てに来る若い人たちだけでなく、幅広い年齢層の地域の人も多く訪れる。そんな本屋はどうやって始まったのか。

バックパックブックスを訪ねる

店の名前の「バックパックブックス」の由来は、山に登るのが好きってこともあるんですけど、大好きな作家の駒沢敏器さんが書いた『語るに足る、ささやかな人生 ~アメリカの小さな町で』（NHK出版）という本があって。ハイウェイに乗らずにアメリカを旅しながら各地で暮らしている人に話を聞いたノンフィクションです。この本にはまさにひとつひとつの人生の機微が繊細に描かれている気がして。みんな違うようで似ていて、似ているようで違っている。「本当はどこでも生きてけるんだなぁ」って気持ちにさせても

Carpe Diem
BACK PACK BOOKS
GET SMOKED OUT.
AND BLAZE WITH ME.
what makes you happy?
WE NEVER MEET A LOT OF SPECIAL THINGS FOR A WHOLE SHORT LIFE.
Studio Berlin Berghain
MORGEN IST DIE FRAGE
Bach Pach Books
南カリフォルニア物語

BASARA BOOKS

お客さんたちと
作った旅の冊子
"MAKE SOME TRIPS"
(500円)

らいました。登山では衣食住を背負って少しあいだ生きていくわけで、そう考えると「バックパックひとつあればどこに行けるし何でもやれる」っていう自由もあるなって、そういう意味を込めました。ちょっと格好よく言い過ぎましたね(笑)。

だったら自分でやってみよう

元々は音楽や映画、本が好きで大学院を出て映画雑誌の出版社に入ったんです。そこで書店と取次の営業担当になりました。結局、営業の仕事をふたつの出版社で続けました。けれど、6年くらい経った時に転職に失敗したこともあって、営業の仕事が嫌いになったわけではないですけど、情熱を持てなくなっていて。そんな時に偶然出会ったのが、今、本屋を開いている物件だったんです。ここは八百屋さんが閉店した後の三畳半の物件だったんですけど、初めて見た瞬間に「誰か本屋でもやればいいのに」と突発的に思ったんですよ。この町には本屋がなかったし、もし開店したら、自分以外にも喜ぶ人がきっといるはずだと思って。新宿や渋谷、下北沢なんかの東京の文化が根付いている場所にも近い。この町には若くて独身の人も住んでいるし、だったら自分が好きな事とか人に出会える場所が作れるんじゃないかって。ちょうどコロナ禍も始まっていて、自分や似たような人たちにとって、そういう場所がどれだけ大切かってことにも再確認させられていて。それで思い切ってこの店を始めました。

出版社の営業担当として、書店さんとも取引の経験もあったし本の流通や商売についての知識はあったけれど、書店員の経験はない。それでもやってみようと思えたのは、自分の好きな音楽の影響かもしれません。中学生の頃からずっと日本語のラップがとても好きで。決定的だったのは大学生の頃かな。実力も人気もあるラッパーたちが、表現に関して制約の多い、大手のレコード会社に所属するのをやめて、自分たちのレーベルを作って活動し始めたんですよね。そういう「自分でカッコいいと思うことは自分でやる」っていう姿勢が、今の自分を作っていると思います。

人と本に出会える場所

今、店の商品は古本が主体ですね。開店当初は自分の蔵書が多かったけれど、店をやっているうちに買い取りも増えてきました。あとは少しだけ新刊書ですね。もちろん、僕が面白いと思うＺＩＮＥやミニコミも含めて。でも、こだわりも大事だけど、本屋をやる醍醐味って「色んな人との出会い」だと思います。夕方や夜はどちらかというと、僕と世代や属性が近いお客さんが多い印象です。それとお店の並びの居酒屋から流れてくるお客さんとか。深夜には千鳥足で来てくれるお客さんもいて、「この人、本買ったことを朝になったら憶えてのるかな？」みたいなお客さんもいますね（笑）。昼間は親御さんや年配の方も来てくれます。安く文庫が買えたりするし、お子さんやお孫さんに絵本を買っていってくれたりもします。そんな風に「オープンな場所」でありたいなと思っています。皆さん、この店の捉え方はそれぞれだと思うけれど、そこが本当にうれしいですね。

地球

PLAYLIST
SONY

ハリウッド男子
動物化するポストモダン
このBOX内
1冊目 ¥200
2冊目 ¥100
3冊目〜 ¥50

BASARA BOOKS

アサヒバイアステープ
日本語ラップ名盤100
宇宙のみなしご
火の鳥
英語大事典
さよならは半分だけ

バックパックブックス

〒156-0041
東京都世田谷区大原 2丁目 17-12
営業時間は Twitter を確認
https://twitter.com/BackPackBooks29
Twitter: @BackPackBooks29
Instagram: @backpackbooks29

本屋、ひらく

本の雑誌編集部 編

本の雑誌社

まえがき

　この一年で、住んでいる町から二軒の本屋が閉店し、我が町から本屋がなくなってしまった。

なくなってみて初めて、その存在の大きさに気づいた。仕事を終えての帰り道、あるいは休日の夕暮れ時にふらりと立ち寄るその場所が、どれほど自分の生活を豊かにしていたのか。本を買うことだけでなく、その場所に佇むだけで、自分はこれまで救われてきたのか。

　この町に本屋があったらと思うことが何度もあった。仕事がうまくいかない時、子供が遠くに行ってしまった日、父親が死んだ日……。本屋があればどんなに助かっただろうか。そんなに必要と思うならば、自分がやればいいのかも、と思いもした。

実はそう考えて、実際に本屋をひらいている人たちが、今、いっぱいいるのだ。そんな人たちの想いを知りたいと思った。本屋をひらくことがどんなことになるのかも知りたかった。

もしかしたら自分にもできるかもしれない——本屋はもう、ただ行くだけの場所ではないのだ。

この町に本屋をひらく。

本の雑誌編集部

本屋、ひらく　目次

1

関東（東京・神奈川）

4

中国・四国・九州

1

関東

東京・神奈川

生活と表現が結びつく本屋

鈴木雅代
本屋・生活綴方

東急東横線の妙蓮寺駅から二分の場所に、町の本屋「石堂書店」はある。その姉妹店として二〇二〇年二月、「本屋・生活綴方」は開店した。私は現在、その両方で働いている。

ふたつの本屋がどうしてできたのかという話をまずしなくてはならない。石堂書店は七〇年以上老舗の本屋。その三代目店主の石堂智之さんが、地元の不動産建築会社の「住まいの松栄」代表の酒井さんに雨漏りの修繕のことを相談したのがきっかけだった。築五〇年の老朽化した建物を今まで通りその場凌ぎで修繕していくのか、それとも新しく建て替えて続けるのか。しかし傾いていたのは建物だけではなかった。売上も右肩下がり、借り入れも増え続けていた。そこで書店事情に詳しいだろうと、隣町で出版社を営んでいた三輪舎の中岡さんが呼び出されて話し合いが始まった。「やめる」という選択肢ももちろんあったが、町から本屋をなくしたくないという石堂さんの純粋な思いから、この三者でクラウドファンディングによる「まちの本屋リノベーションプロジェクト」なるものが立ち上がった。

プロジェクトの初め、あまり使われていなかった本屋の二階部分を一部修繕し、ここを会員制のコワーキングスペースとしてオープンさせた。そのあと、石堂書店の向かいにあり、長年倉庫として使われていなかった場所を、気軽に立ち寄れるコミュニティスペースにする計画だった。近隣のお店から飲食物を持ち込んで休めたり、イベントを行ったり、古本を持ち寄って交換したりする場だ。しかし憩っても集ってもいいけど、それって何か利益が出るの？　経営を立て直すのが目的じゃなかった？　と冷静に考えた中岡さんから待ったの声がかかり、そこにもうひとつ本屋を作ることになった。これが本屋・生活綴方である。

七〇年以上続く町の本屋から

　本屋はたくさん増えているけれど、古くからある町の本屋は減っている。出版不況が叫ばれ、チェーン店でさえも店舗数が減っていく中で、小さな町の本屋を保ち続けるには体力も気力も限界がきてしまう。だいたいが家族経営で、店主は高齢化していき、売上が年々落ちていくのを止められない。そして後継者がいない、または儲かる商売ではないので継がせないという選択が多い。石堂書店は代々家族が継いできた本屋だが、先の「まちの本屋リノベーションプロジェクト」によって私が何十年ぶりかの新入社員として入り、中岡さんは現在業務委託で石堂書店の経営を見ている。様々なジャンルの本とある程度の雑誌も扱い、町の本屋の機能を備えた本屋は新しく出来ているけれど、傾きかけた本屋を外部から来た人間がテコ入れし、元ある本屋が傾きかけているというのに、新たに本屋をもう一店舗向かいに作ったという例はなかなか類を見ないのではないだろうか。もし今後石堂書店の経営が上向きになり、私たちの試みをひとつの例として閉店せざるを得ない書店を救えるなら、ぜひその役に立ちたい。

　私は今年（二〇二三年）で書店員十九年目、勤めた本屋はここで五軒目になる。町の本屋にも、大手チェーン店にも勤めた経験があったため、ここで働かないかと声をかけていただいた。はじめて勤めたのが町の中規模な本屋で、そこで接客や発注など基本的なことを学んだ。町の本屋の良さはやはりお客さんとの距離の近さだ。石堂書店は今まで勤めた本屋の中でいちばん小さい。そしていちばん、お客さんとの距離が近い。

朝、店の中で雑誌の荷分けや付録付けをしていると、シャッターの下三〇センチほどの隙間から「ねえもうやってるー?」とおばあさんの声がする。開店してるわけがない。ただ、高齢の方たちは朝から病院に通っている。待っているあいだ暇をつぶすために週刊誌やパズル誌を買っていきたいのだ。週刊誌ならコンビニにも売っているけれど、声をかけられたら応えないわけにはいかない。ガラガラとシャッターを開けて入ってもらい、こちらは慌ててレジにお金を入れて対応する。

その後は雑誌を売り場に並べるのだけれど、石堂書店ではほとんどの雑誌が外にある。いちおう屋根はあるがじゅうぶんではない。雨風を避けるビニールカーテンを付けようと見積もりを取りに来てもらったら、カーテンレールを設置すると屋根ごと落ちるかもしれないと言われて断念した。そもそもお金もないし、とりあえず現状維持でいくしかない。雨が降ったら本の上からビニールをかけて凌いでいるため、とにかく一日中天気の動きを確認している。お客さんもそれを知っているから、ポツリと降ろうものならすぐ「雨降ってきたぞ!」と外から声をかけてくれる。

世界のはじまり
タラブックス
夜の木
海峡のまちのハリル
Square
VISA
手塚治虫の森
手塚治虫の山
花森安治
灯をともす
ここに住みたい
堀内誠一
日日是製本 2019
日日是製本 2021

SICK
貨物船で太平洋を
インドごちそう帖
矢萩多聞
ひとりみんぱく
美しいってなんだろう?
矢萩多聞 つた
本とはたらく
矢萩多聞
だれのために本はある?
吉田亮人
いしいしんじ
写真家
縁側
本のまわりにはいつもに賑わいがあり、ちょこんと腰をおろせる場所がある。

入社した当初、お客さんたちの私への反応はどちらかというと懐疑的だった。「あんただれだ」と直球を投げてくる人もいた。自分の馴染みの店のレジに、見たことのない奴が立っている。だいたいが石堂家の娘という設定か、息子が三人いるうちのだれかの嫁と思われるか、どちらか。家族経営の小さな個人商店がひしめく妙蓮寺の商店街で、新入社員が入るという考えにはなかなか至らないだろう。そしてそんなニューフェイスなど凄にもかけないほど、石堂書店には不動の看板娘がいるのだ。なんと勤めて四〇年というパートの八木敦子（あつこ）さんだ。常連さんたちは入店してすぐ、私の顔を見るなり「あっちゃん（八木さんの愛称）は？」と聞いてくる。「今日はお休みです」と答えると「じゃあ明日来る」と言って出ていってしまう。最近ではそんな態度にも慣れてきて、帰ろうとするお客さんに「私じゃダメですか？」とねばる余裕さえ出てきたが、初めはとても凹んだ。しかし彼女の働きぶりは素晴らしく、何から何までこなすので先代や店長が不在でも何ともないが、八木さんがいなければ店が回らない。もう〝八木書店〟に改名していいくらいだ。小さな子供からお母さんたち、おじいさんおばあさんまで、交わされる会話に事欠かず、いつもケラケラと明るいため、本屋に用はなくとも、お店に顔を出して彼女と世間話をしていく人は多い。そして笠地蔵のお供えもののようにみんなあっちゃんにお土産を置いていく。ビールにドーナツにおせんべい。私、何も買わなくても食べていけるかも！とまたケラケラ笑う。とてもかなわない。

だれも拒まないし、だれが入ってきても一様に対応する。相手に対しえらそうにせず下に謙りもせず、大袈裟に言えば、来るお客さんひとりひとりと顔を合わせて声を聞いて、生きていることを喜び合っているような。そんな接し方を毎日見ていて、とても気持ちがいい。これからの石堂書店で私が担っている役割は、その景色を変えずに本屋の中身を刷新していくことだろう。「ここがなくなると困るんだ」といつも口に出して言ってくれるおじいさんの顔を思い浮かべながら、日々策を練っている。

売るだけでなく作る本屋へ

本屋・生活綴方に入ってすぐの頃、インタビューを受けた際に「ここが本屋の最先端です」と話した。なかなかいい紹介のしかただったと思う。その時に試みていたことは継続されていて、今でも生活綴方は最先端のきりっきりに尖った場所にいる。

お店番制度のお店番は増え続け、現在は七〇人くらい居る。でも来ると言って来なかった人もいるし、いつのまにか入らなくなった人もいる。去るものは追わない。追わないけどお店番から外すことも特にしない。どうしてるかなあとたまに思い出し、またふらりと遊びに来てくれるのを待っている。出版レーベル「生活綴方出版部」の本も着々と増えている。今まで発行したタイトルは二十三点。今年もまだあと五冊は出る予定だ。中岡さんは本屋・生活綴方を立ち上げたとき、本を売るだけではなく、本を作る場所にすると決めていた。本を買う場所だけが本屋じゃない。大学を出ていなくても、賞を獲っていなくても、だれでも本は書ける。だれにでもできる生産活動のひとつが文章を書くことだ。書くことで知らなかった自分に出会う、知らなかった風景を見る、出会えなかった人に出会う。

お店番の中でもここではじめて文章を書き、本を作って売った人がすでに何人もいる。本を仕入れて店で売ることしかしてこなかった私も、店で作った本を売りに外に出ることが増えた。今年の春は文学フリマと同じ日に他の出店イベントが重なったため、各地にお店番を配置し、出張・生活綴方として計四カ所で同時に出版部の本を売った。自著を出した人、寄稿した人、書いてなくても本をみんなで手を動かして作っているので、各地で出版部の本が売れていく様にみんなで盛り上がって喜んだ。一般的に流通している本と並べて売っていても、出版部の本は他の本と同じように売れていく。読む側はどんな形の本でも面白そう、と思ったら特に抵抗なく買うのだと確信した。

ふつうの暮らしと「生活綴方」

歴史に刻まれる本というのは、その時代で活躍した知識人が書いて残したものだけれど、そこには書かれない無名のふつうの人たちの暮らしにたくさんの現実がある。店の名前の「生活綴方」は「生活綴方運動」から付けられている。生活者としてふつうの暮らしが書かれた文章は、どれもこれも歴史に残らない私たちの話だ。書くことを通して自分を見つめ、言葉を選び綴る。書き手のからだをくぐった経験者としての言葉は、はなやかでないが尊い。読みながら自分の人生にある瑣末な出来事も、じつはとても大切な記憶だということに気づく。

昨年の五月に出版された『往復書簡　ふつうの書店員』を書いたながいあつこさんと三浦拓朗さんはふだんの仕事が書店員で休日お店番に入ってくれている。三浦さんがお店にはじめて来た時のことをよく覚えている。仕事は書店員だと聞き、棚の前で本の話をたくさんした。その時に「うちでお店番やりませんか?」と誘ったけれど、とても悩んだふうで「一晩考えさせてください」と言った。明るいとは言えない表情だった。本を探しに来る人は何かもやもやした思いを抱えている人も多い。何かこの思いを表したくて、これがなんなのか答えを出したいような気分で本を探したりする。とにかくその時の三浦さんも

シの本
日誌
BOOKS SOMETHING
バイト
書店と冒険
ジグラーのぼうけん
本の話
THIS IS MY LIFE vol.1
THIS IS MY LIFE vol.4
読書からはじまる
世界の郷土料理事典
ランバーロール

そんなふうだった。一晩考えた三浦さんはお店番に入ることになり、その後書店員同士の愚痴や悩みをよく話した。その後中岡さんから何か書いてみませんかと声がかかり、ながいさんと二人で一冊の本を書いたのだ。

そのあとがきで彼はこう書いている。「雨の日も風の日も、本気で仕事を辞めようとした時もエプロンのポケットの中にいたこの紐切りは、私が書店員として生きてきた日々そのものだ。」紐切りとはPPバンドやダンボールを開ける作業の際に切れ目をいれる刃が表に出ないカッターのようなもの。職人でもなく、専門職という認知もされない書店員という地味な職業を象徴するかのような道具だ。「先が見えず悶々としているが、この十二年間ずっとそうだったじゃないかと、この文章を書いて知ることができた。書くって自分を知ることのようだ。」この本を何度読んでも、このあとがきで目頭が熱くなる。本を買って読んでくれた人からもほんとうにたくさんの感想をもらった。生活者としての悩みや葛藤を恥じらいつつも吐露し、互いの暮らしを慮る、うそのない礼儀と尊敬を端々に感じる文章が共感を得たのだと思う。この本を書いて、彼の日常が変わるわけでもなく、人生に風穴があいたわけでもない。ただごくふつうの生活の中に文学はあるのだ。生活綴方は本を売るだけの店ではなく、生活と表現をいつも結びつける店でありたい。

大切な一冊

『私の生活改善運動 THIS IS MY LIFE』
（三輪舎）
安達茉莉子

この本はいろいろな意味で私たちの転機になった本だ。この本の前身である、本屋・生活綴方で安達さんと作った小さな本は、みるみるうちに人気を得て、本を読んで町を訪れてくれる人が確実に増えた。彼女の書いた暮らしに感化されたとしても、それを真似しなくてもいい。「暮らしを自分にとりもどす喜び」に互いに呼応しているかのような運動は、皆とても美しい。

本屋・生活綴方

〒222-0011
神奈川県横浜市港北区菊名1丁目7-8
https://tsudurikata.life
［営業時間］12:00〜19:00
［営業日］金・土・日・月
［定休日］火・水・木
Twitter: @tsudurikata
Instagram: @tsudurikata

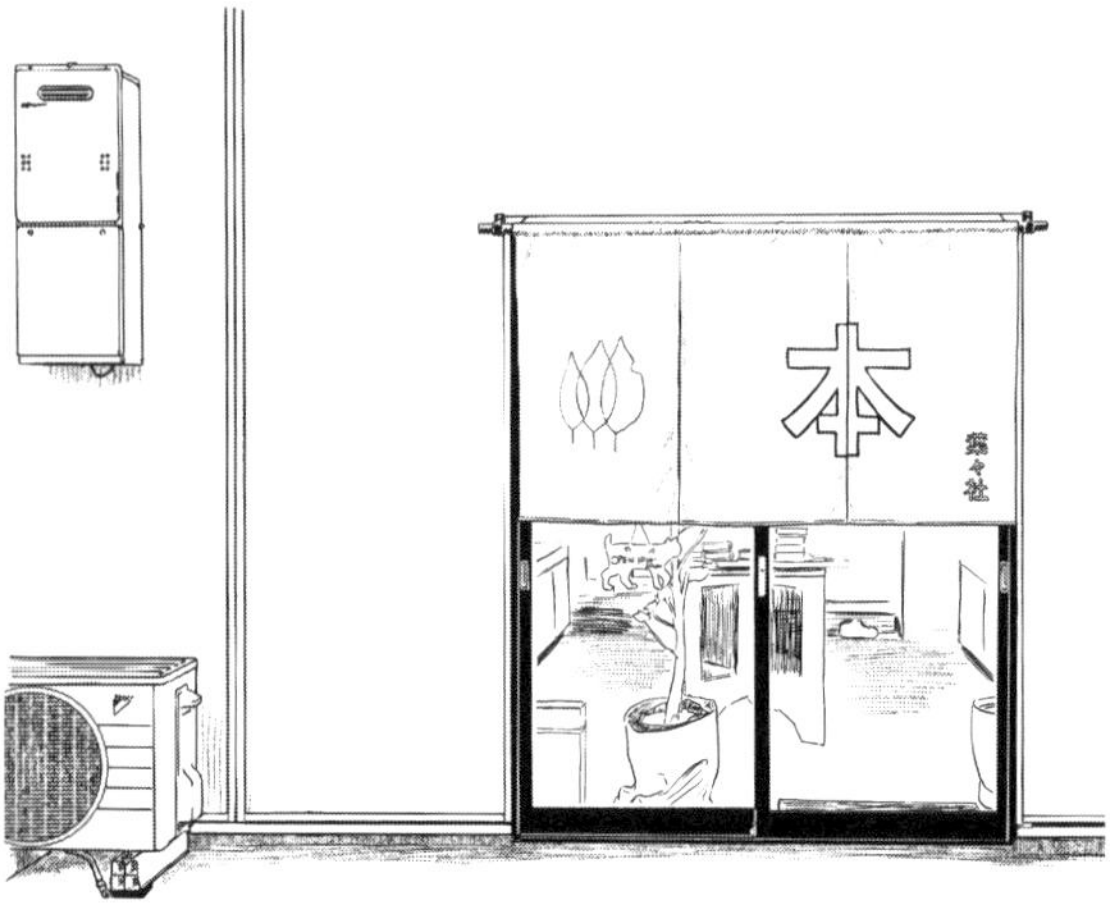

考えるきっかけになる一冊を

小谷輝之
葉々社

レジから見える緑色ののれんが風に揺れている。時にはゆらゆらと。時にはばたばたと。よほどの大雨でない限り、毎日、自宅がある石川台から本屋がある梅屋敷まで、自転車に乗り、30分をかけて通勤している。店に到着すると、おにぎりとゆでたまごを食べて、水を飲む。朝食後はほうきで土間を掃き、小上がりに掃除機をかける。前日に売れた本をチェックしたら、在庫があるものは箱から出して棚に並べ、在庫がないものは再仕入れを検討する。はたきを使って本のほこりを払いつつ、ぎざぎざになった棚を整頓し、全体を見渡して問題がなければ、開店時間直前の10時前にのれんをかけて、明かりを点ける。

これが私の朝のルーティンである。2022年4月25日の開店以来、少しずつ体になじませてきた流れだ。

京都にある龍谷大学を卒業後、本屋を開業するまでに2つの出版社で編集の仕事に就いてきた。新卒で入社した会社は東京ニュース通信社といい、TVガイドをはじめとするテレビ雑誌を数多く出版していた会社である。2つ目の会社はインプレスといい、私はカメラの月刊誌である『デジタルカメラマガジン』編集部に契約社員として入社した。

長きにわたり、雑誌を制作するなかで、1週間や1カ月という短い単位ではなく、1年や3年といった長期間、読者の手元に置いてもらえるような本を作りたいと思うようになった私は、徐々に本作りの勉強を開始。企画会議でも積極的に本の企画を提案するようになる。その後、カメラや写真の本をいくつも制作するようになったころ、大きな壁にぶち当たる。それは、自分が思いつくような企画の本は、すでに世の中に存在するという事実であった。切り口や見せ方を工夫すれば作れるけれど、類書があるなら、それらをお客さんに買ってもらえばいいのではないか。この質問は何度も自分自身に対して投げかけたものだ。そうして私が出した結論が街に本屋を作るというものだった。雑誌づくりから書籍づくりへ。作る立場から売る立場へと時間の経過とともに興味の対象が変化していったのである。

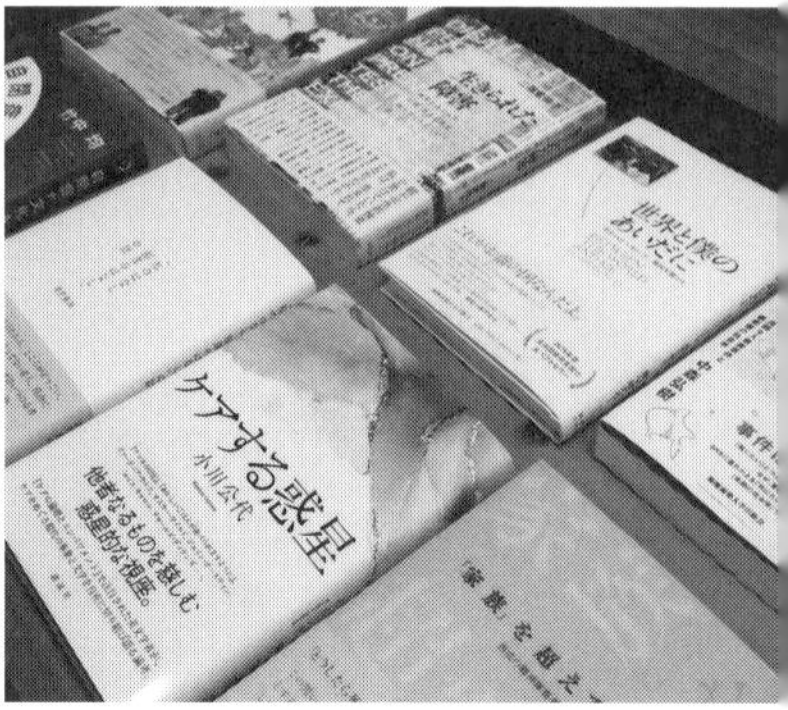

まずは本屋開店の準備から

本屋を作ることを決めてからは、休みの日を利用して準備を進めた。準備期間は2年とし、そのあいだにできることをすべて行った。具体的に実施したことは以下のとおりである。

- 全国各地に点在する小さな本屋の店主に会いに行く
- 本屋について書かれた本を読む
- 流通のしくみを勉強する
- 手持ちの資金を増やす
- 新刊の仕入れリストの作成
- 古本の買付
- 食品衛生責任者の資格をとる
- 古物商許可証をとる

会社員のときは定期的な収入があったため、遠方の本屋巡りをするには良い機会だと感じていた。全国各地の本屋に実際、足を運ぶことで、未来の本屋像が少しずつ頭のなかで形作られていくのではないかという期待もあった。東京近郊の本屋は、自分の本屋を開店後でも比較的容易に訪れることができるため、まずは東京から離れた場所にある本屋を目指した。「本屋ウニとスカッシュ」（長崎県）、「本屋ルヌガンガ」（香川県）、「1003」（兵庫県）、「本の栞」（兵庫県）、「自由港書店」（兵庫県）、「スタンダードブックストア」（大阪府）、「誠光社」（京都府）、「わおん書房」（福井県）、「ひらすま書房」（富山県）、「HiBARI BOOKS & COFFEE」（静岡県）、「高久書店」（静岡県）、「ON READING」（愛知県）、「TOUTEN BOOKSTORE」（愛知県）、「本・ひとしずく」（愛知県）を訪問し、店の広さや扱っている什器、仕入れ先、棚作りのポイント、必要な資金などについて、教えてもらえる範囲で質問をした。私が訪れた本屋の店主の方々は、私とは違って書店勤務の経験がある方が多く、具体的かつ実務に基づいた実践的な内容の答えをいただき、将来の本屋経営に役立てることができた。

インプレスを退職するまで、ずっと編集の仕事に携わってきた私は、作った本がどのようなルートを経て、本屋に届けられるのか、いまいち理解していなかった。本屋でのアルバイト経験もなかったため、知識の底上げが急務だった。流通のしくみを知るには専門の書籍を読めば良い。オススメは『よくわかる出版流通のしくみ』（メディアパル）である。

中とじ、50ページほどのA5判冊子だが、中身は驚くほどの充実ぶりで、「出版社」「取次」「書店」の関係性や役割、「新刊」「注文」「返品」などの流通のしくみについて、詳しい知識が得られる。取次というのはいわゆる卸業者のことで、本の仕入先である。一般的に本屋はこの取次から本を仕入れて、お客さんに販売することになる。現在、通称「日販（ニッパン）」と呼ばれる「日本出版販売株式会社」と「株式会社トーハン」が大手取次として国内流通を支えており、そのほかにも中小の取次がさまざまに存在する。私の場合は大手取次との契約は最初から考えていなかった。まずはじめに契約を結んだのは「株式会社子どもの文化普及協会」「株式会社トランスビュー」「株式会社八木書店」の3つだ。これら3社でどの出版社がカバーできるのかを表にまとめ、カバーできない出版社の把握に努めた。最終的には「弘正堂図書販売株式会社」「株式会社鍬谷書店」「株式会社JRC」を追加し、6社の取次を状況に応じて使い分けながら運用している。なぜ、使い分ける必要があるのかというと、本屋に残る利益を少しでも増やすためだ。たとえば、取次（A）から仕入れると掛け率が80%のところ、取次（B）から仕入れた場合、その掛け率が78%になるときがあるのだ。たった2%の違いではあるが、この2%をおろそかにしていては、商売を長く続けることができない。最近は取次を介さず、出版社から直接本を仕入れる「直取引」も積極的に活用している。直取引の場合、掛け率はさらによくなり、70%程度

で仕入れることが可能になる。手元に残るお金が増えることが最大の利点だが、注文時の最低ロット数が決まっていたり、出版社に代金を振り込む際の手数料が本屋持ちだったりするため、このあたりの状況を常に吟味しながら、「取次」を使うのか、「直取引」を選択するのかを決める必要がある。直取引のいいところは、出版社の窓口となる方とのやりとりが必ず発生するため、お互いの関係性を構築しやすく、新刊の案内を送ってもらったり、未来に向けてのフェアの相談ができたりする点だろう。なにより、本の作り手の顔が見えているので、しっかりと本を売っていくぞと気合が入る。

続けていくためにどうするか

私が店を構えた梅屋敷は、下町の雰囲気が残り、す

ぐ近くには活気のある商店街がある。大手資本による大型スーパーの影響はそれほど感じられず、八百屋も肉屋も魚屋も元気に営業している（ように見える）。梅屋敷を選んだ理由は2つあり、1つは自宅から自転車で通える距離であったこと、もう1つは店の奥に小上がりがあったことだ。本屋で小上がり？　と疑問に思う読者もいるかもしれないが、私が構想していた本屋の実現には小上がりが必須条件だったのである。理想の状態には現状達していないが、学校帰りの子どもたちが立ち寄れる安全・安心な場所として、小上がりが機能することを夢見る毎日だ。

客層は20代から80代まで幅広い。少しずつ常連といっても差し支えないお客さんが増えてきて、彼ら・彼女らから注文を受けることも多い。年配の方々はアマゾンを利用したことがない人も多く、中にはその存在すら知らないという人もいる。人によっては、本は本屋で買いたいとはっきりと断言される。梅屋敷に開店させた、私の小さな本屋はそういう方々の温かい気持ちによって支えられている。

本書を読まれている読者の方々は、少なからず本屋に興味がある人が多いと思う。実際に本屋の開業を目指している人たちに向けて、具体的なメッセージを最後に贈りたい。1つ目は、新刊販売以外にお金を稼げるしくみを考えておくこと。私の場合は、「古本販売」「ひと箱棚貸し」「展示スペースの貸し出し」「飲み物の提供」「雑貨販売」を新刊販売と組み合わせている。さらに、葉々社から出版する新刊等の発行、外部編集者としての編集作業、原稿の執筆など、本屋で新刊が売れなかった場合に、どのようにして収入を得るのかを検討しておきたい。2つ目は、本屋が持つ選書の力を地域に活用してもらうという企画を提案したい。たとえば、規模の大きな病院の医師や看護師、私立中学・高校の先生らを対象に、彼ら・彼女らが必要とする本を選書して配達する。または本屋の近所にある保育園や幼稚園の先生向けに絵本のリストを作成して、購入を促しても良いだろう。ポイントは、これまでの人生において読書経験がある人たちに対して企画を作成すること。本は好きだが本屋に行く時間がない、本を選んでいる暇がないという人たちの代わりに本屋が本を選ぶのである。3つ目は、仲間と共同で本屋を開店させることだ。何から何まで一人で実施するのは肉体的にも精神的にも金銭的にもきつい。葉々社の場合は、初期投資に80

0万円ほどかかっている。内訳は、物件取得に50万円、改装費に150万円、本の仕入れ（買切、返品不可）に400万円、その他の諸費用に200万円。しかし、そのすべてを一人で捻出することは簡単ではないだろう。そこで同じ志を持つ仲間を探し、4名程度で本屋を運営することをオススメしたい。これなら、一人当たりの負担は200万円で済むし、場合によっては本業を辞める必要もないかもしれない。店番だって週に2日程度でいい。前述したように本屋の利益は驚くほど少ない。十分な生活費を本屋の収入だけで得ることは、実際のところ、かなり難易度が高いと思う。ただし、前提条件として設定してしまえば、足りないお金をどこから得るのかという思考に変わる。こうなれば、本が売れないことへの不安はなくなる。本はたくさん売れる日もあれば、まったく売れない日もある。当たり前の話である。一日一日の売上に一喜一憂していたのでは長く続けていけない。どうすればお客さんにもっと本を届けることができるのか、居心地の良い空間とはいったいどんなものか。自分自身に常に問いかけをして、仮説を作り、課題を解決するために実行する。この繰り返しこそが私の日常なのだ。

大切な一冊

『二十歳の原点』（新潮文庫）
高野悦子

——独りであること、未熟であること、これが私の二十歳の原点である——

葉々社の開店当初、この本を長く売ることを心に決めて、10冊仕入れた。学園紛争の只中で自らの人生を内省し続けた、ある大学生の日記を記した本書からは、「あなたは、あなたの人生をどう生きますか?」という声が聞こえる気がずっとしている。

葉々社

〒143-0015
東京都大田区大森西 6-14-8-103
https://youyoushabooks.stores.jp
［営業時間］10:00～20:00
［定休日］月、火
Twitter: @youyousha_books
Instagram: @youyousha_books

暇《いとま》を作って過ごせる秘密基地

鈴木永一
本屋イトマイ

いま、目の前の壁に四歳の息子が描いた絵が貼られている。四十三歳の誕生日にもらったパパ（僕）の似顔絵だ。大きな二つの黒い丸の下に赤い線が横に一本、一番上にはぐるぐると焼きそばのような髪の毛。その横には頼りない筆圧で書かれた「パパ」という文字。

僕は四十歳になるまでにどうしても本屋になりたかった。本気で好きなことをはじめる最終的な年齢は三十代までだと思っていた。それで、板橋区を走る東武東上線の池袋から五駅目のときわ台駅徒歩一分の場所に「本屋イトマイ」を開店させたのが、三十九歳と四ヶ月の季節は春がはじまる頃だった。ぎりぎり間に合った。

なぜ年齢にこだわったのか。それは本当に感覚とか直感の要素も含まれるけど、気力と体力、そして村上春樹のことばに強迫観念を抱いていたのかもしれない。いまもそれはほとんど変わらなくある。

三十五歳だった二〇一五年の年明けすぐに、「本屋B&B」とそのオーナーである内沼晋太郎さんとその彼が開く「本屋講座」の存在を知った。これが本屋をはじめる最大のきっかけだ。他に、本が好きで、小説を読むのが好きで、本のある空間が好きで、みたいな理由が付与されるとしてもそれは生業として本屋を選択するきっかけにはならない。運命の巡り合わせで「本屋講座」を受けた、それがきっかけのすべてだった。

一生の職場にするために

地方の美大卒業後、命をかけようと思っていた現代美術の制作をあっさり捨てたのは、小説のおもしろさを知って読むのがやめられなくなったからだった。もちろん才能もなかった。あったと思った才能は大学の卒業制作の買い上げと、いくつかの民間の美術賞獲得ですでに終わっていた。

それからは食べていくために仕事として新卒から続けていたグラフィックの仕事をしな

がら、だらだらと本を読む生活を何年も続けていた。本当にこの仕事を死ぬまで続けるのか。何度もそう思ったし、仕事を変えようともした。でも結局は抜け出せずに同じ日々を繰り返していた。高校まで野球で汗を流し、大学では現代美術を通過儀礼したあと、当時はグラフィックを生業とし、酒を飲み、本を読むだけのほぼ生産性のない生活。でもそのすべてを活かせるのが僕が本屋講座で学んだ「本屋」だった。本屋という箱においては、実験的な意味も含めほとんどなんでもできることがわかった。それは本のジャンルにないものがないということに理由がある。だから飲食も小売もイベントもなんでもできる。何かに特化した個性的なお店もできるし、横のつながりも無限に広げられる。逆にひっそりと孤独な営業もできる。

本当にそんな職業と巡り会えるのはいまでは運がいいとしか言いようがない。おまけに、結婚はほとんど諦めていたのだけど、縁あって二〇一四年に妻と出会い、その二年後に結婚した。そしてそのまた二年後には息子が生まれて家族三人になった。三十八歳。家庭をもったうえにタイムリミットが近づいていた。そんななかで出会った「本屋講座」だった。

仕事を辞め、わずかな退職金とそれまでの貯蓄、必死で作った事業計画書をもとに得た融資（つまり借金）、それらで本屋を作るための資金を工面した。物件は家から自転車で通える距離を中心に探した。こだわりすぎたため多めの融資がそれでも足りなくて追加融資を受けた。約四ヶ月間、朝早くから夜遅くまでときには友人に手伝ってもらいながら、泣きながら叫びながらコツコツと本屋を作っていった。どうせ作るなら自分の手で、自分の好きなように作りたい。どの箇所を見ても他人が作った不満を抱かないように、できる限り好きじゃないと思うようなところがないようにしたいと思った。もしかしたら一生の職場になるかもしれない。だったらすべて気の済むままに作りたい。これは高円寺にある大好きなお店「R座読書館」の店主から学んだことでもある。おかげで、壁に打ったビスの一本を見ても思い入れのある本屋ができた。お金は泡のようにはじけて消えたけど本気で好きなことをはじめられる場所が最低限できたと思った。しかし、これでも最低限だ。これから書店の選書、喫茶のメニュー、内装の強化、企画・展示の考案など様々な大きい困難が、この本屋を営む限り続いていく。真夜中に一人で、恐々としながら、でも例えようのない興奮とやる気で満ち溢れたのを覚えている。家族を抱えていく不安と誰もやっていないことに挑戦できる喜び。

あえて言うなら、本屋は最高の仕事だと思う。普段あまり仕事としてとらえたことがないのだけど、それはいままでやってきた仕事の概念とはまったく異なる「仕事」だと思う。〇から一を劇的に生み出すのではなく、一瞬の成果を求められるものでもなく、コツコツと作り続けられる店づくりができるのが本屋という仕事なのではないか。自分の性に合っているそんなものが唯一過去にあったとしたら、小学三年生のときに誰に非難されようと無心で作っていた秘密基地づくりのようなものだろうか。

経験がないことをポジティブに

「本屋イトマイ」は、書店と喫茶の半々からなるお店だ。書店は新刊書を取り扱っていて喫茶側は会話は原則禁止の静やかな空間。本が買えて本が読めるお店。店名の由来はプライベートでもオフィシャルでもない「暇（いとま）」を作って、読書などでゆっくりした時間を楽しんでもらいたいという願いから。基本的には店主の僕が一人でやっていて、忙しい休日や、取次からの本の入荷の日などはバイトスタッフに入ってもらう。

僕にはそれまで、書店の経験も喫茶の経験もどちらもなかった。本屋をはじめるとしたらそれまでの経験は何物にも代えがたい助けになると思う。しかし僕には、本屋講座で学んだことと、本屋B＆Bでのインターン、そして友人の阿久津隆さんが営む「fuzkue」で手伝った皿洗いくらいだった。でも経験というものは不思議なもので、その三つのたった数日の経験が、僕にとっていまでも忘れがたい宝物のようなものになっている。その心の支えとそして、経験を武器にするのではなく、経験がないことをポジティブに思うよう

なマインドで日々を過ごした。実際、経験がないのは悪いことばかりではなかった。経験があることで二の足を踏んだり、できることとできないことを最初から無意識に選別することがない。どんなことでも挑戦して、失敗を繰り返しながら強力にアップデートすることができる。それは人から言われたことをやるのじゃない分、ひとつひとつが代え難い経験になっていった（そうは言いつつも未経験はあまりおすすめしません）。

書店と喫茶を両方やるということは、その分のかかる時間も通常の倍になる。カレーやスイーツはすべて手作り。パンや珈琲豆は近くの信頼のおける作り手のものを仕入れている。本の仕入れは、大手取次のトーハンと契約していて、書店員としての経験がない僕の選書能力を最初は随分カバーしていただいた。いまでは、個人出版のＺＩＮＥやリトルプレスを取り扱うくらいジャンルも増え約四〇〇〇冊以上の本がひしめいている。

二〇一九年三月にオープンしてからは、昼から夜まで営業して、そのあとに仕込みや本の発注、事務や雑務をこなした。帰宅する時間は、午前三時をまわった。信じられないかもしれないけど、午前一時や二時だったらまだ早いような気がしていた。そして朝起きるのが七時前。朝食を作り息子と一緒に食べ、〇歳からあずけている保育園に登園する。妻はもうフルタイムの仕事に出勤している。そのあとすぐお店の開店準備。自分でも倒れないのが不思議なくらいだった。そんな無謀なスタイルの甲斐もあって、オープンから約一年後のなんとか軌道に乗りつつあった時期、ヤツは突然やってきた。

レジでの驚きと感謝の毎日

新型コロナが日本にも襲来して、すべてが一気に変わった。お店は営業できなくなり、給付金などが出るまでは収入もなく、もの凄いスピードで貯金残高の数字が小さくなっていった。本当に先が見えなかった。リアルな泣き言は言わない質だが、妻にもお金を借りたし友人にもその気持ちを吐露した。はじめる前に息子に自慢できる仕事をしたいと密かに立てた誓いも、涙とともに消えてしまいそうだった。いま思い起こすと本当に恐ろしい時間だった。いまだ解決に至らない世界的なパンデミックの前には、人間なんて本当にちっぽけな生き物だ。でも僕は運がよかった。いまでもなんとか本屋を続けている。

一通り悪い恩恵は受けた。でも幸いにも新型コロナは本屋イトマイに悪い影響ばかりを与えたわけではない。一つは、ワークライフバランスの改善。午前三時に帰宅する生活は終わりを迎え、もう少しまともな時間帯に帰路に着くことになった。もう一つは、wabstoreの開設。オリジナルのキャラクター（読むお化け「ヨンバケ」）を考案し、そのグッズで一時を凌ぐ収益を得た。そして、もっともポジティブだった影響が、お客さんの数にあまり影響がなかったという点だった。時短と政府の対策を徹底しながらの営業でもお店を開けている限りお客さんは来てくれた。むしろ、喫茶側を完全に会話禁止にすることでコンセプトが明確化し、リモートワークや一人の時間を楽しむお客さんにそれが浸透しはじめた。もちろん日により波はあったけれど、「暇（いとま）」をわざわざ作って、その時間を各々が豊かにしようと本屋イトマイを目指して来てくれた。新型コロナにもある意味僕は感謝しなければならない。

いろんな人にいろんな感謝をしなければならないけど、やはり家族の支えなくしては本屋イトマイは存在しない。収入や育児の面を大きく支えてくれているのは妻だし、そもそもその計画の段階から応援してくれている妻がいなければ、この無謀な本屋をはじめられることはできなかったと思う。利益率の低いこの商いを不安もありつついまでも応援し続けてくれる妻には本当に感謝している。似顔絵を描いてくれた息子はいまでは「子ども店長」として三回ほど店に立ったこともあるくらい本屋さんに興味を持ってくれている。将来の夢は本屋さんとまで言ってくれる。まだまだ自慢できる本屋ではないけれど、これもひとつの原動力となって僕を支えてくれている。本当にいろいろなまわりの助けと、その助けを得る運がなかったらこのお店はオープンできなかったと思う。

そして最近は横のつながりも増えて、仲間と呼べるような個人書店もたくさんできた。これはSNSの影響が大きい。日々、本屋として得られる多くの情報はSNSを通じて入る。そのなかで気になるお店や本の出版などをピックアップし、直接お店に伺って店主とお話しさせていただいたり、棚を見て勉強したりする。なかには本当に親身になってくれる店主もいて、僕もなにか協業して力になれることがあればと思う。

レジに一冊の本を持ってきてくれる。それは当たり前なようでいてある意味奇跡的な出来事だ。数多の可能性のなかから、今日も狭い店内を時間をかけ丁寧に吟味し、本に出会い、手に取り、レジでお会計をし、喫茶側やどこかで読んでくれる。毎回、その偶然に驚きと感謝を感じながら僕はレジを打つ。常連さんにもはじめての方にも四年間でたくさんの方々に、何千何万冊という本をその奇跡に驚愕しながら手渡してきた。開店当初からいまもその思いは変わらない。レジでの驚きと感謝。いまでも、オープン初日にはじめて一冊の本を手渡した時の感覚のままだ。この感覚だけは、消えないようにしたい。

次は、その開店当初から抱き続けてきた複数店舗の夢、東京第二支店、山形支店、タイ支店の話をしたいけど紙幅が尽きた。また次回をどこかで。

大切な一冊

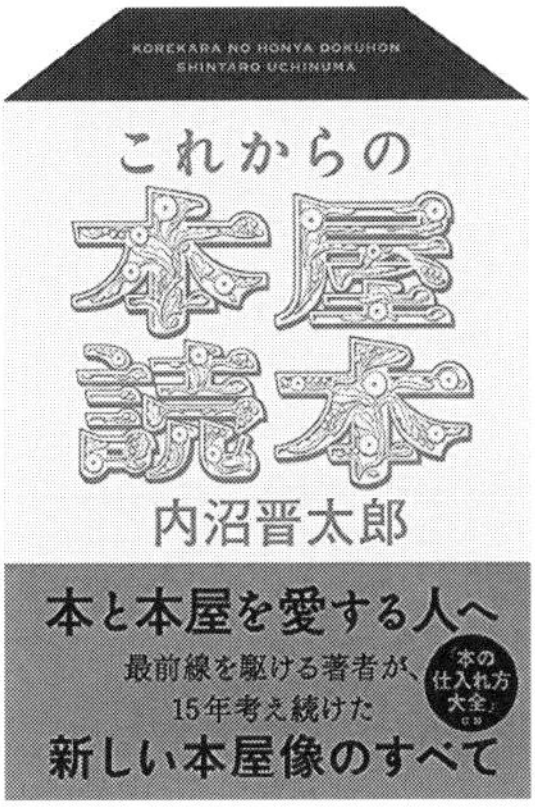

『これからの本屋読本』（NHK出版）

内沼晋太郎

この本には僕自身が本屋をはじめるきっかけとなった内沼氏の「これからの本屋講座」で学んだすべてと、それ以上の本屋に関する様々なことが書かれている。立ち返る場所であり、未来への推進力となる言葉の数々。本屋になるとき「本」と「本屋」に誠実に向き合う術がすべて描かれている。自信はなくとも、誠実さを持ち続ければ何か変化を起こすことができるかもしれないという僕の心の支え。

本屋 イトマイ

〒174-0071
東京都板橋区常盤台1-2-5 町田ビル2階
https://www.booksitomai.com
営業時間と定休日はTwitterとInstagramを確認
Twitter: @honyaitomai
Instagram: @booksitomai

サステナブルな本屋であるために

ポルベニールブックストア
金野典彦

自分が今、神奈川県の大船の街で個人で本屋をやっている背景には、若い時に世界を旅した経験がある。

20代の時、新卒で4年間勤めた都内の広告会社を辞めて、バックパッカーとして、海外をトータル1年8か月、旅して回った。可能な限りバスや鉄道などの陸路の公共交通機関を使い、その地域の人の生活に触れながら移動することをポリシーに、ユーラシア・南米・北米の3大陸・約30ヶ国を旅した。中国の大連からポルトガル最西端のロカ岬までユーラシア大陸を陸路で横断し、南米大陸を5分の4周し、北米大陸も横断した体験は、心の奥に深く刻まれている。

その旅で、世界は広く様々な土地と文化があり、人はその土地の食べ物を食べその土地の流儀で生きていることを体得できたことは大きかった。世界は多様で豊かな「ローカル」の集合体だった。店名の「ポルベニール」は、その旅の最中に訪れた、南米大陸最南端からマゼラン海峡を渡ったフエゴ島にある、チリの小さな町の名に由来している。

旅をする中で、帰国後は神奈川から都内まで通う生活ではなく、自分もローカルな街で、働く場と暮らす場を同じにして生活していきたいと考えた。しかし、経験が生かせるメディアの仕事は東京一極集中ゆえ、いつしか毎日多摩川を渡り都内まで通う生活に戻ってしまっていた。途中から出版社に転職し、そこで営業としてのキャリアを積み、気が付けば10年以上、そこで仕事を続けていた。

しかし年月が経つ程に、あの旅で考えたことを実行できていないことが頭をもたげてきた。気に入ったローカルな街で働きながら生活したいという思いがどんどん強くなり、ローカルで働くことがテーマの本を読んだりセミナーに行ってみたり、自分ができる方法を模索するようになった。具体的にどこで何をするかを考えたとき、本に関わる仕事が浮かんできた。編集は未経験だが営業なら書店・取次担当を始め様々な仕事をしてきたので、経験をローカルで生かせる仕事を考えたとき、本屋が浮かんできたのは自然な流れだった。大船を選んだのは、育った街・横浜に近く、街の気風が自分に合うと感じられたからだ。

本屋は「個」でいられる場所

今でも自分は、大の旅好きである。店を持った今はなかなか行けなくなってしまったが、たまに惹かれる土地にぶらっとひとり旅に出る。必ず訪れるのが本屋とカフェだ。この国はカップルや家族などの複数名で訪れるのが前提の場所が多く、ひとりだとちょっと行きにくい場所や入りにくい店があるが、本屋とカフェならひとりでも気兼ねなく入れる。

旅先では、本屋と、基本は地域のお客さん相手だが外から来た人も自然に迎え入れてくれそうな、オープンな感じのカフェを探し出す。旅という非日常の時間・空間の中で、普段の生活の中では出会えない本と出会い、居心地の良いカフェでその本を読むのは至福の時間だ。街の人と旅の人が自然と共存し、どちらにとっても居心地の良い場所――個人が「個」のままでいられるようなお店と出会えたら、その土地を好きになり、その街・その店を再度訪れたくなる。

今度は自分が、そんな場所を作る番かなと思った。本屋以外の業種も検討はしたが、本の流通に関しての知識があったことと、何よりもこの年になって自分の半生を振り返ったとき、本は人の一生に欠かせず、本の無い人生はあり得ないとの確証を得るに至ったので、気に入った街で本屋をやることに決めた。

この店にいる間は、会社の役職とか社会的な役割は脇に置いて、誰しもひとりの「個人」に戻って欲しいと思う。そのための選書はかなり入念に行っている。大きい書店では、「〜すべき」といった、人に圧力をかけ煽るようなトーンの本が目に付くが、当店ではそのような本は一切置いていない。ここでは、その人のペースで、誰からも余計な圧力を感じることなく、心のゆくままに自由に本を選んで欲しい。

自分自身が社会の大勢にずっと乗れずに生きてきた「マイノリティ」だとの思いがあり、また多くの失敗を重ねてきたので、「生きづらさ」を感じている人に、それでも大丈夫、生きていけるよと、本棚を通じて伝えることができたらと思う。心に傷を負った人や社会に居場所を感じられない人でも、ここならいられるという「避難所」的な場であり、ここの本棚を見ているときは、その人が心落ち着けてその人自身でいられる場でありたい。その人の内面から湧き出る好奇心のままに棚を巡ることで、その人に合う本と出会えることを願って、日々本を選び棚を作っている。

直感と身体で「未知」と出会う

今はAmazonほかネット書店ですぐ本が買え、本の情報もネットでいくらでも入手で

世界のひと
世界のサッカー

きる。自分も日々利用しているし、自店のWebshopも開設している。ネットはとても便利だが、ネット上にある情報は、全て既知のもの、他人のものであり、背景に必ず誰かの意図があることを忘れてはならない。

ネットで「お薦め」される本は、その人の閲覧履歴とビッグデータと高度なＡＩ（人工知能）によって、まさにその人にぴったり「と思われる」本が提示されるが、それは全て「既知」の情報の組合せに過ぎず、既存の枠から一歩も出ていない。そこに本当の「未知」はなく、それを繰り返していくと、気付かないうちに、世界はどんどん狭くなってゆく。本を選んでいるようで、実は見えない大きな力に知らず知らずのうちにコントロールされ、選ばされている。その人が本来持っていた好奇心が、「情報」に振り回されて脇に追いやられ、いつしかそれに気付くこともできなくなってしまう。

その状態を打ち破って「未知」と出会うには、直感と身体を使うことが大事だ。当店の本棚は、内容を少しずつずらしながら棚を「編集」しているので、もともと興味を持っていた本の隣や更に隣、あるいは全然違う場所にある本に、より興味を抱くことがあるかもしれない。小さい店だから、全体を見渡し、本棚の間を動くのも容易だ。

そうして選ばれた本は、誰にも支配されず、ＡＩにもビッグデータにも関与されない、その人の内面に根差した、その人だけのための本だ。このような本の選び方は、「情報」

だけが頼りのネットではできない。直感と身体を使って棚を巡るからこそ、本当の「未知」に出会えるのである。

最近、「対話」を織り込んだ選書サービスを考えるようになった。たまに店頭でお客さんの要望を受けて本を選ぶことがあるが、何度か質問をして答えを聞き、また質問をして――と対話を重ねていくと、不思議なくらいお客さんの当初の要望とは違う本に辿り着く。それは対話を重ねる程に、全体の一部だった最初の要望からより問いが深くなり、その人により必要とされることが見えてくるからだろう。そしてそれに応える本がちゃんとあるから、本の世界は深く豊かだ。そのようにして選ばれた本を、お客さんが嬉しそうに持ち帰るのを見ると、本屋の仕事をしてきて良かったと思う。

今後は、これのメニュー化を図るつもりだ。経験豊富な書店員の選書にはその仕事のプロとしての価値が発生し、個別の仕事として請け負うなら、選書料としてお金が発生することを認めて欲しいと考えるようになった。可視化しにくいが、沢山ある本の中から特定の本を選び出すというのは、一朝一夕にはできない経験が必要な特殊スキルだと考えるので、選書という書店員の仕事の価値をもっと認めて貰えるよう、世の中に働きかけていきたい。書店員という仕事の地位向上のためにも。

独自性と主体性

本屋を始めることは、意思と熱量があればできる。でも本屋を続けるには、収益を確保し続けなければならず、新刊販売の収益構造の上に居る限り、それは相当厳しいことだ。

いろいろ試行錯誤しながら新刊販売メインでやってきたけれど、収益的にはまだ食っていける状態に持っていけてない。理由は新刊販売の書店マージンの少なさに尽きる。そもそも利幅が薄い分を多売で回して何とか形にする収益構造の業界で、多売を目指さず、粗利の高いカフェも古本もギャラリーもやらずに来たので、当然の結果なのだろう。

でもそれを、自己責任の枠に押し込めてはならないとも思う。何かしら「本屋」をやりたいと考え、棚貸し本屋や、本業とは別のかたちでの本屋など、広義の意味での「本屋」を始める人が増えてきた今、平均22％程度と言われる書店マージンの少なさの問題は、本屋を続けていくにあたってあまりに切実だ。再販制の下、新刊販売は価格も利幅も本屋に決定権はないのだから。

４年近く本屋をやってきて、新刊を扱う本屋を続けるためには、独自性と主体性が大切だと考えるようになった。新刊は全国どこでも同じ本が同じ価格で買えるので、お客さんが続けて足を運びたくなるような、その店独自の魅力ある商品・サービスが必須だと思う。本屋での本の出版、オリジナルグッズの作製、古本の取り扱い、店のカラーに合った展示、飲食との複合、選書サービス等、やり方は様々。再販制の枠に捉われずに、内容も利幅も自分で決められる商材やサービスに積極的に取り組み、店の主体性・独自性を高めることにより、収益性を上げられ継続していける、いまどきの言葉で言うなら「サステナブル」な本屋でいられると考えている。

この文章を書いている今も、私は様々な独自のことに取り組むべく動いている。それがどう形になったのか、興味を持たれたらぜひ確かめにいらしてください。大船は昔ながらの路面の市場が残る、フラットな気風の居心地の良い街です。

大切な一冊

『世界はフムフムで満ちている——達人観察図鑑』（ちくま文庫）

金井真紀

愉しいイラストと共に、見開き二頁に街場の達人から聞き集めた仕事の極意のエッセンスが凝縮された、気軽に読めて深い本。お客さんの問合せを機にこの本の価値に気付いてから火が点き、気が付けば単行本で60冊以上を販売、〝風通しの良さ〟を謳う当店を象徴するような本となりました。著者初の文庫にして私が人生初の解説を書かせて頂いたことでも忘れ得ぬ一冊。

ポルベニールブックストア

〒247-0056
神奈川県鎌倉市大船3-4-6清水ビル1階D
TEL 0467-40-5102
https://www.porvenir-bookstore.com/
［営業時間］平日　10時半〜12時／13時〜19時
土　10時半〜19時　日祝　10時半〜18時
［定休日］火曜定休（祝日の場合は営業し原則翌日を休日）
水曜（不定休 一原則休み。繁忙期は営業の場合もあり）
お盆、年末年始
Twitter: @porvenir_books1

それでも本屋が必要な理由

大森皓太
UNITÉ

なぜ本屋をはじめようと思ったのか。正直、よくわからない。フラフラしていたらたどり着いたところ、あるいは自分がこれならできると思った仕事が本屋だったというだけかもしれない。

本屋をやっているとよく「本が好きなのですね」と声をかけられる。その度に言葉に詰まってしまう。自分は本が好きなのだろうか。ずっと考え続けて、いまだ答えの出ない問いだ。

そもそも本を読むのは苦手だった。小学校から高校まで、一番嫌いな科目は常に「国語」で、文章を読む、あるいは書くということがまるでできなかった。だからどうして今本屋をやっているのか不思議ではあるけれど、苦手であったからこそいつも自分の意識の中に「本」という存在が、自分に劣等感を突きつけるものとして居座っていたのだろう。

　とはいえ、本を読んでいなかったかと言われるとそうではなく、おそらく平均以上には読んでいたと思う。でもそれは、周囲に国語ができないやつだと悟られないように、また自分は本が読める人間なのだと自己暗示をかけるための、いわばポーズとしての読書で、本に向き合ってはいなかった。そうやってうんと背伸びをして、自分を苦しめながらも、十代の頃はそれでもなんとかやっていけた。しかし、歳を重ね、徐々に同年代以外の人と話す機会が増えるようになるとぼろが出てくる。自分の発する言葉が稚拙で、いかにも頼りないものに思えた。

　そして20歳になった頃だろうか、どうにかして地に足がついた言葉を身につけたいと思い、意識的に本に向き合ったのだと思う。それから本と付き合っていくなかで、自然と書店と出版社でアルバイトをし、就職先となったのも出版業界だった。そこで数年勤めて、辞めて、本屋をはじめた。ただそれだけだ。本当に。しかし、それではあまりにも味気ないので、もう少し積極的な理由を見つけてみたい。

太陽諸島
黄色い家
川上未映子
人はなぜ、金に狂い、罪を犯すのか
この世の喜びよ
芥川賞受賞
楊花の歌

スピン
佐藤厚志
荒地の家族
芥川賞受賞作

信頼できる本の機能とは

出版業界はよく斜陽産業だと言われる。でも本当に出版業界は斜陽なのだろうか。私には「斜陽産業」「本離れ」という言葉が慣用句的に一人歩きし、徒に本の価値を損なっているような気がしている。数字だけをみて、斜陽だ、本離れだ、と語るのは簡単だ。たしかにここ30年くらいの出版業界の売上高の推移を見れば、小学生でもひと目見て「この業界に未来はない」とわかるくらいに模範的なグラフに違いない。しかし、そこで思考を止めてしまえば小学生と変わらない。グラフに表れないところでどのような地殻変動が起きているのかを観察する必要があるだろう。

ここで、本の担ってきた機能に着目してみたい。

これまで本は情報収集や暇つぶしの娯楽に対する需要に関して、幅広く対応してきた。しかし、パソコンやスマホが登場し定着することで、本よりもより素早く情報にアクセスすることが可能になり、またTwitterやInstagramなどのＳＮＳやYouTubeやAmazon Prime Video、Netflixなどの動画配信プラットフォームも充実することで暇つぶしには困らなくなった（むしろ時間が足りないと嘆くようになった）。

情報収集や娯楽において、本はその役割を縮小したといえるだろう。そして、その機能に目を向けたとき、本が新しいメディアに移譲した機能は「速さ」であるといえる。しかし、これは悲観すべきことではなく、寧ろ喜ばしいことだ。娯楽の選択肢が増えることは素晴らしく、また便利になったということだからだ。

では、「遅さ」についてはどうだろうか。これこそが今もなお本に残されていて、かつ私が本に信頼を寄せる機能である。

そもそも読書は時間のかかる行為で、めんどうくさい行為だ。一方、時間の流れが目まぐるしい現代社会にあっては、時間の流れを緩やかにすることができる行為だとも言える。また、本というメディアの歴史は長く、本屋に行けば、さまざまな時代や地域で書かれた本が同居している。「いま、ここで」への関心が著しく高くなっている時代において、本屋で「いまもむかしも、さまざまな場所で」に触れられる価値はいくら強調してもしすぎることはない。

境遇の異なる書き手が残した本を読むことは、自身の現在地を相対的に把握する視座を与える。それは、ある出来事を異なる位相で観察することができるということであり、自らの主張の一方的な強要、あるいは他人の意見の全面的な受容を退け、対話の道を拓く。瞬間的な情報に左右されがちな私たちにとっては、必要な営みである。

またそれは、一つの言葉をとってみても、同様である。冒頭で「斜陽」「本離れ」といった言葉が一人歩きしていると述べたが、これはこれらの言葉に限ったことではない。発話者と言葉が紐づかず、発言がすべて借り物の言葉に聴こえてしまうという事態が蔓延している。これは言葉が一面的にしか理解されないということで、言葉が痩せ細っているといえるだろう。言葉がもっている微妙なニュアンスや、言葉と言葉の差異が削ぎ落とされてしまっているのだ。他者とのコミュニケーションにおいて言葉の果たす役割はいうまでもなく大きいが、その言葉が痩せ細ってしまうと、他者との関係性も表層的になり、どこか空虚な感覚に陥ってしまう。その結果、そもそもコミュニケーションを諦めてしまうといった事態にもなりかねない。

以前、古田徹也さんと古賀及子さんのトークイベントに参加した際に、古賀さんが「『愛』という言葉が使われているときって全然『愛』ではない」という問題を提起された。それに対して、古田さんが「愛とは、基本的に長いもので、その相手との長い文脈で培われるものだ」という応答をされた。つまり、愛とは相手とのそれまでの付き合いを通じて培われるものだが、その文脈から切り離され、短い文脈で使用されることにより、「愛」という言葉が擦られ、どこか「愛」ではなく聴こえるのだ。

この応答は、先ほど触れた「いま・ここで」へ関心が集まる現代社会の一つの側面を言い表している。この「長い文脈」をいかに養うか、これがこれからの社会の課題の一つであり、その課題に対して本のもつ「遅さ」が有効に機能すると考えている。したがって、出版業界は斜陽ではないというのが私の結論ということになる。言い換えれば、社会的な課題の解決に本が有効なツールになりうるならば、出版業界はビジネスとして成立するということだ。

しかしまだ、なぜ本屋なのかという問いが残っているので、これに答えなければならない。この点についてては、挙げればキリがないのだが、一言でいうと、旧来の本屋が物足りないということになる。いうまでもなく本屋を取り巻く状況は厳しい（自分で店をはじめて改めてその利益率の低さに愕然とする）。一方で、本屋が本の価値を認識し、それを踏まえた上で店づくりをしているかという疑問を挟む余地は大いにある。時代に合わせて再点検することを怠って、従来のやり方に甘んじ劣化を招いていないか客観的に見つめ直す必要があるだろう。

重要なのは本の周辺の記憶

送られてくる本を並べているだけで本が売れる時代はとっくに過ぎ去っているし、もはやそれは仕事になり得ない。Amazonのリコメンド機能にとって代わられたといっていいかもしれない。もちろん、書店はあらゆる本が同列に並ぶ中立的な場であるべきだという考え方は、それを信念として抱いているならば理解できるし、尊重もできる。

ただ、一年に刊行される点数が多すぎる現状では、それを指向性なく並べているだけでは読者には届かない。いかに並べる本を取捨選択し、読者の期待に応えることができるか、また信頼を築けるかが生き残りのためには不可欠だ。それはまた情報が溢れるポストトゥルースの時代に本屋が果たすべき機能の一つでもあろう。

また実際に、現在多くのファンがついているような本屋は店主の顔が浮かぶ。スーパーなどで私がこの野菜を責任もって育てましたという証として、袋に生産者の顔が載っていることがあるが、それと同じように、誰が選んだかということが重要視されてきている。そして、「どこで買うか」というのと同様に、「どこで読むか」ということも大事な要素ではないだろうか。本には「記憶」という機能もあり、本棚から本を取り出してパラパラとページを捲ると、その本を買った場所や読んだときの状況が蘇ってくる。本は過去の自分と現在の自分を繫ぎとめてくれる縁にもなるのだ。

しかし、現実の時間間隔から離れて読書に耽ることのできる場所はなかなか見つからない。そういった場所を求めて、いつも彷徨っていた自分が思い起こされる。そんなときに居場所になってくれたのはカフェで、「UNITÉ」という店名も元は京都にあったブックカ

フェのものだ。「UNITÉ」で珈琲を飲みながら本を読んだ時間はたしかに今の自分にも息づいている。本の内容はもちろん大切だが、その周辺の記憶も含めて「読書」なのだろう。今の「UNITÉ」が誰かの読書の居場所になれるといいなと思うし、「なぜ本屋なのか」に対する一つの答えだ。

その上で私が感じていた課題は、若い人にむけた本屋が少ないということだ。これには業界の構造上の問題があるのだが、主に開業時のコストと書店員の低賃金がネックになり、独立開業したくてもできない、あるいはできたとしてもその時にはある程度年齢を重ねてしまい若い感性についていけなくなってしまっているということも少なくないだろう。

そうすると、若い読者は本屋から足が遠のき、未来の読者が育たなくなってしまう。しかし、若い世代こそ、切実に言葉を必要としているのではないか。将来が不透明で、他者と繋がりたいのに言葉が尽くせずに擦れ違い、孤独と不安と隣り合わせのなかで生きている人に対して、本屋が本を届けられないというのは寂しい。

若い世代の人が本屋をできるような土壌を養っていかないとやはりこの業界に未来はないだろう。そのために、本屋はいつまでも被害者面をしていてはダメで、改善に向けて行動しなければならない。そして自分のこれからの使命もそこにあると思っている。

長々と書き連ねてしまったが、以上のようなことは結局、副次的な理由に過ぎないのだろう。最終的には、本が売れるのは嬉しいし、本を読んでいる人の姿を見るのが好きということに回収されてしまう。でもそれで十分で、だから私は本屋をはじめた。

大切な一冊

『本は、これから』（岩波書店）

池澤夏樹編

「電子書籍元年」と呼ばれる2010年に刊行された本で、作家や研究者をはじめとして37名の著者が本について各々綴っている。その中で鈴木敏夫さんの言葉にいつも導かれてきた。

〃もしこの時代に自分が学生だったら、出版社に入りたいと思う。だって今なら何でもできそうだから。絶好調の業界に入っても面白くないでしょう、きっと。〃

そう、何でもできるのだ。飛び込む勇気さえあれば。

UNITÉ
〒181-0013
東京都三鷹市下連雀4-17-10 SMZビル1F
https://unite-books.com
［営業時間］11:00～19:00
［定休日］月曜定休
Twitter: @unite_books
Instagram: @unite_mitaka

冒険家、書店を開店する

荻田泰永
冒険研究所書店

冒険研究所書店は2021年5月、神奈川県大和市で開業した。小田急江ノ島線の桜ヶ丘駅東口。新宿から50分、横浜から30分の首都圏ベッドタウン。駅前ロータリーに面した駅徒歩30秒という立地だ。1階に歯科医院が入るビル2階ワンフロア100平米。そこが冒険研究所書店である。元々は、2019年10月に私の事務所として利用するために借りた物件だった。書店となったのは、その後のこと。事務所として特に場所のこだわりはなく、不動産情報を元に、都心からのアクセスや物件の条件が良かったことから、借りることに決めた。

私は2000年からカナダ北極圏やグリーンランド、北極海、南極大陸などを中心に、主に単独徒歩での冒険行を実施してきた。20年の極地行で増えた装備品を一箇所で保管しながら、冒険を志す若者たちもいつでも相談に来れるような場所として、事務所に「冒険研究所」と名前を付けた。ノリは「部室」のようなイメージだ。そこに行けば、情報も装備も体験も待っている。その場で知らない人同士が出会い、新しい化学反応を生み出せるような場にしたい、そう考えた。

ところが、数ヶ月後に世界はコロナ禍に襲われ、人の移動は極端に減少する。さらに「事務所」という機能では不特定の人が集う場所になりにくいと気付く。他人の「事務所」に急に入っていこうとする人はほぼいない。

書店につながる転機の一つは２０２０年2月末。新型コロナウイルスの蔓延に伴い、当時の安倍首相は全国の小中学校に休校措置をとる。報道で知った私は、直後に「これは困る家庭が続出するぞ」と感じた。きっと、親は仕事があるのに子供が一人で留守番できない、そんな事態が多発するだろうと思った。翌日、私の極地遠征の裏方を務めてくれている幼馴染の栗原に「冒険研究所を開放して、行き場のない子供の居場所にしようと思うけど、どう思う?」と相談。「自分も同じこと思ってたよ」その会話で方針は決まった。

すぐに我々の持っているSNSなどの手段を使い、近隣の困っている方に場所を開放しますと呼びかけた。休校措置初日には小学生が6人、それから多い日では10人以上が、冒険研究所に毎日必ずやってくるようになった。子供たちは、私が北極で使っていたテントを広げて遊んだり、学校から出された宿題をしたり、各々に過ごす。こうして、ただ冒険の「事務所」として構えていただけでは決して出会わなかったであろう、近隣の子供たちやその親御さんと知り合うことになった。

近所に顔と名前の一致する子が増え、特にこだわりもなく自分が物件を借りた「桜ヶ丘駅」の周囲を改めて見渡してみると、さて、この子たちはどこで本を買うのだろうかと疑問に思った。そうだ、書店がない。駅前で目につくのは、整骨院、歯科医院、他各種医院、コンビニ、パチンコ屋、居酒屋など。うーむ、文化的な香りが極めて乏しい。この子たちは街のどこで文化に触れるのだろうか。誰か、どうにかしないのだろうか。休校措置が終了した後も、しばらく街を眺めながら私は考えていた。

冒険と読書は似た行為

冒険研究所としては不特定の人が出会う場を作りたいという考えがあったが、事務所では機能的に不十分。近所の子たちと出会って感じた、この街に足りないもの。それらいくつかの糸が絡まったその中心に「書店」が立ち上がってきた。

「そうだ、書店をやろう」

２０２１年1月30日。私の頭にそのアイデアが突然生まれた。

冒険家がなぜ書店を始めたのか？とは、これまで何十回質問されたか分からない。もし私が出版社に勤めていて、脱サラして書店を開業したというのであれば「そうですか、頑張ってください」で話は終わるはずだ。ところが、冒険家が書店を開業すると、ほぼ全ての人は「なぜですか」と尋ねてくる。

私にとって、読書も冒険も根を同一にする極めて似た行為である。２００年前のドイツに生きた哲学者ショウペンハウエルは、著書『読書について』の中で「読書は他人の頭で考えることである」と辛辣に書いている。それだけを切り取って読めば、読書はよくないものだと感じるが、私の解釈は「自分の頭で考える読書をしなさい」というショウペンハウエルからの戒めと読める。

本を読みながら、本の中に答えを探す人がいる。その著者が名前の知られた人であるほど、本に書かれたことを神託のように有り難がり、自分の頭に丸々情報をダウンロードし、内容をコピペして語ってしまう。そこに、読者の主体性は存在しない。ショウペンハウエルの語る「他人の頭で考える読書」とはこのことだ。本に書かれていることは、著者の答えである。では読み手の答えがどこにあるのかといえば、読者自身の頭の中だけだ。自分

の答えに至るガイド役として、本は存在しているに過ぎない。

冒険には、ルールもマニュアルもない。一般的なスポーツには、怪我や事故を予防するためにルールが存在する。ルールとは、プレイヤー自身の外側に立てられた基準だ。冒険には、それがない。冒険者自身の行動を縛るものは自身の外側には存在せず、自らの内側にある倫理観や価値観のみが自分を縛る。その内側の基準とは、自分の頭で考えて設定するものだ。そこに求められるものは、主体性である。冒険も読書も、共に主体性を求められる行為となる。

書店開業という、これまでの人生で経験もなく考えもしなかったひらめきを得た私は、とは言え、本屋ってどう始めれば良いものかと悩んだ。えーっと「取次」って、いわゆる問屋さんみたいなことだよね?ん?違うの?そうだよね?くらいの知識しかない。自分自身も栗原も、書店については知識ゼロだ。

まずはネットで書店開業について検索をかけ、荻窪で書店を開業しているTitleの辻山さんの本などを読んでみた。生の声を聞きたいと思っていた時に、私の「書店をやりたい」というTwitterの呟きに返事をくれたのが、同じ神奈川県内で書店を経営する、ポルベニールブックストアの金野さんだった。

「同じ神奈川県内ですし、教えられることがあれば協力しますよ」という連絡をいただき、藁を掴むような気持ちで教えを乞いに大船へ向かった。

こうして、金野さんから新刊書籍の仕入れ方法や、書店経営の基本を教えていただいた。私の裏方を担ってくれている栗原は、大学を卒業してからの17年を、某大手カメラ販売店に勤めていたため、小売りの現場に慣れている。在庫の管理方法やレジの導入など、店舗運営の下調べは栗原に任せ、私は具体的な店の構想に入った。

店では、新刊と古本の両方を扱いたい思いがあった。古本を扱って「買取り」を行うことで、新しいお客さんとの出会いのきっかけになる。さらに新刊と古本だと、圧倒的に古本の利益率が高くなるという経営上の理由もある。最初の古本の仕入れは、主にバリューブックスの古本卸しを利用し、1500冊ほどを仕入れた。価格はやや高めになるが、まるで新品のような良品が揃う。それ以外に、私の所蔵本や知人たちからの寄贈本を並べ、2500冊を棚に収めた。

新刊は、500冊ほどを小取次である子どもの文化普及協会、八木書店、トランスビュー、出版社の直取引を利用して揃えた。

店内の書棚などは、仲間たちと手作りで制作し、結果的に材料費など70万円ほどで済んだ。100平米弱のフロアの八割を店舗のスペースとし、残りは倉庫代わりのバックヤード。店舗にはギャラリースペースも併設した。壁の三面には書棚を作り、そこに古本を並べる。フロアの中央に、アイランド状に新刊を置いた。

開業の資金に関しては、クラウドファンディングを行った。これから店を始めることを知ってもらう機会にもなる。2021年3月中の4週間で、目標250万円に対して342万円もの応援をいただいた。

こうして、1月30日に閃いた「書店をやろう」というアイデアが具体化していき、その4ヶ月後、2021年5月24日に冒険研究所書店が開店した。

商売と公共の中間地

実際に書店を開業してみると、開店当初は物珍しさもあって黙っていてもお客さんはやって来る。その期間は、正直言うと「本ってこんなに売れるんだ。もう、勝ったな」というスーパー誤解の期間だ。なにぶんこちとら初めてやることなので、これが普通なのかと思ってしまう。しかし、それも3ヶ月もすると客足も落ち着いていき、現実がやってくる。全然お客さんが入って来なくなる。というか、街の中で忘れられた存在のようになっていく。初秋の風が落ち葉を孕み、店の入り口を寂しく吹き抜けていく。

人々にとって食事は毎日摂るので、食料品には意識が向くが、書店というのはこのご時世では「不要不急」なのである。食べるという本能的な行為に対して、読書という理性的な行為においては、1000円札の重みも変わる。ランチに1000円のパスタを10分で食べ終えることには何の痛痒も覚えない人も、1000円の本を買うことはとても慎重になる。1000円の本で半年楽しむこともできるはずなのに、だ。

現実が見えてからが、ようやくスタートである。次第に常連客も増え、オンラインストアでの販売も増えてくると、やっと書店らしくなってくる。が、黒字経営なんてものはどこにあるのかと、宇宙の彼方を見つめる気分だ。

ある日、腰を曲げた高齢の女性と、その娘さんらしき二人組が来店した。お母さんの手を引きながら、店内を回る母娘。ひと回りして、お母さんの耳元で娘さんが言った。

「本屋さんができて良かったね」

娘の言葉に、小さく頷くお母さん。その姿が強烈に私の胸に迫ってきた。そうなんだよ、こういう瞬間の為に書店を始めたんだよ。このお母さんに、タブレットを渡してオンラインで本を買えというのは、技術側の横暴である。街には書店を必要とする人が、必ずいる。それは高齢者だけでなく、子供も、悩みを抱えた大人も、ちょっと時間潰しをしたい人もそうだ。無目的にいることのできる場所が街からどんどん消えているからこそ、商売と公共の中間地のような書店が必要なのだ。

母娘のやりとりに、自分のやっていることに間違いはないのだという確信を得ながら、何も買わずに店を出て行った母娘に「いや、何も買わんのかい〜！」という軽いツッコミを心の中で入れ、それでもきっとまた来てくれるだろうという信頼が芽生えてきた。

それにしても、書店の経営は辛い。私自身、本も何冊か出版しているため、大手の出版社にも時々出入りする。巨大な本社で働く社員は高給取りだ。しかし、その本を売る書店の現場では薄利で苦労の連続である。が、本当に書店は報われないことばかりなのか。私はそうは思わない。

オオカミと野生のイヌ
LOCKET
CHRONICLE

裸の山
ナンガ・パルバート
北極探検隊の謎を追って
春画にハマりまして。
魂の秘境から
エベレストには登らない

冒険研究所書店のある桜ヶ丘駅には、書店は他に存在しない。小田急江ノ島線の隣駅として大和駅と高座渋谷駅に挟まれ、それぞれの駅まで２㎞離れている。両隣の駅前には書店がある。つまり、わが書店から半径２㎞には、沿線では他に書店が存在しない。両隣駅までのそれぞれ半分、半径１㎞、直径２㎞を商圏と考えるとする。大和市のホームページには、市内各地域の世帯数や人口が国勢調査のデータとして載っている。それを見ると、桜ヶ丘駅から半径１㎞の圏内に、３万人が住んでいる。そして、総務省が数年おきに行う家計調査によると、日本人全体の平均年間書籍購入費が一世帯当たり1万円だ。ということは、うちの店から半径１㎞、徒歩15分で行ける圏内では、1年間に3億円の本が売れているはずなのである。そこに存在している書店は、うちだけだ。問題は、その3億円の埋蔵金の行方である。毎年必ず生み出される3億円をどのように掘っていくか。その話は、またいずれかの機会に譲りたいと思う。

冒険研究所書店は、この原稿を書いている時点で2年目真っ最中だ。そろそろ3億円の埋蔵金を掘りに、そして新しい挑戦に向けて動き出そうと考えている。

大切な一冊

『四千万歩の男』（講談社文庫）
井上ひさし

まだ私が極地冒険と出会う前、二十歳ごろに読んだのが井上ひさしの『四千万歩の男』だ。伊能忠敬の旅を小説に仕立てたこの作品は、科学的な未知に対して、人間が頭脳だけでなく身体を用いて向かっていくことの面白さを教えてくれた。その後、私は極地冒険に出会い、北極を一歩ずつ歩くようになった。憧れにも似た、忠敬の愚直な歩みを重ね合わせる自分がいた。

冒険研究所書店

〒242-0024
神奈川県大和市福田5521-7
桜ヶ丘小澤ビル2階
TEL＆FAX 046-269-2370
bokenbooks.com
［営業時間］10:00～19:00
［定休日］月曜
Twitter: @bokenbooks
Instagram: @adventure.books

「独立書店」というムーヴメントについて

和氣正幸
BOOKSHOPLOVER

本屋について話そう。中でも独立書店、あるいは独立系書店について語ろうと思う。それは往々にして規模が小さく、だがだからこそ限られたスペースに並べられた本に説得力が宿る。ときには魅力的な展示やトークなどイベントを開催し、ゆっくり本が読めるカフェスペースが併設されることもある。そんな独立書店のことを。

独立書店は増えている

本の雑誌にそういった記事を書いたのが２０２１年５月のことだ。あれから2年経ち本屋の数はいまも増えている。筆者が追っているだけでも２０２１年で79店、２０２２年で50店もの開業があった。これはもうムーヴメントと言ってもいいだろう。しかし、それはなぜなのか。

理由はいくつかある。主だったところを挙げるならば「意識の変化」「情報のオープン化」「仕入れの多様化」の3つだ。

意識の変化を軸に見るとすれば始まりを1986年、「遊べる本屋」と銘打ちオープンしたヴィレッジヴァンガード1号店に置くと整理しやすい。本と雑貨をシームレスに売り出す手法が特徴で、本を映画や音楽や雑貨などと一緒の「カルチャー」として摂取できる。そんな場としての本屋の登場である。96年には本の内容を緩やかにつなげることで棚をメディアとして位置づけた往来堂書店がオープン。2000年にはブックカフェの先駆け的存在火星の庭が生まれ、02年にはCOW BOOKSが開店。古本屋の認識をレコード屋などと同様の「カッコいいもの」として発信した。同じ00年代にはZINEを広めたユトレヒトや店内でのトークイベントをいち早く行った百年もオープンしている。現在の独立書店の原型はこの頃に固まったと考えてよいだろう。そういえば、京都の恵文社一乗寺店がセレクト書店の元祖と呼ばれだしたのもこの頃であるし、いまも続く地方の名店（福岡のブックスキューブリックや大阪のスタンダードブックストアなど）も同時期に開業している。

そうして2012年には本屋B&Bが「これからの街の本屋」を謳い開店。ビールが飲める本屋、毎日イベントが開催される本屋として人気を博した。10年に現在の活動をはじめた筆者も当時の衝撃を覚えている。13年には同店の共同オーナー・内沼晋太郎氏が『本の逆襲』（朝日出版社）の中で〝広義の本に関わる仕事、それをあらためて「本屋」と呼ぶとしたら〟と書いたことで、本屋の可能性を大きく広げた。背景として05年頃から東京の谷中・根津・千駄木エリアではじまり全国各地で開催されるようになった一箱古本市の存在も忘れてはならないだろう。加えて10年代にはH.A.Bookstoreや双子のライオン堂など本屋業以外の副業をしながら週に数日オープンするスタイルの店もできた。こうして、毎日店に立ち、新刊・古本のみを売るというだけが本屋ではない、という意識が本好きたちの間で徐々に定着していった。２０１７年には月額制の棚貸しだけで成り立つはじめての本屋みつばち古書部がオープン。その後も棚貸し本屋（シェア型書店とも）は全国に増え、本屋開業希望者が自分で店舗を借りる前のいわば練習として棚を借り、卒業、自店舗を開店するケースもよく見るようになってきた。さらには開業時に店の一部を棚貸しにすることもこの一年で頻出するようになった。このようにひと口に本屋になりたいと言ったときにもこの十年ほどで多様な選択肢が生まれてきている。

本屋は「行くもの」から「やるもの」へ

さて、情報のオープン化という点から見てみよう。それには14年に内沼晋太郎氏がはじめた「これからの本屋講座」と筆者も同時期に双子のライオン堂店主・竹田信弥氏とはじめた講座「本屋入門」をスタートにすると良いだろう。業界内部からは見えていたが外部からはほとんど分からなかった本屋の経営と本の仕入れ方法が少しずつオープンになっていったのである。とはいえ、この時点ではまだ局所的な現象に過ぎなかった。転機になったのは17年に本屋Title店主・辻山良雄氏が出した『本屋、はじめました　新刊書店Title開業の記録』（苦楽堂、後にちくま文庫）である。同書で辻山氏が試算とはいえ経営計画書を公開したことで、全国各地にいる本屋開業希望者にとって本屋になることが曖味な夢から具体的な目標になったのだ。さらに翌年、内沼晋太郎氏が『これからの本屋読本』（NHK出版）を出したことで本の仕入れ方法が公開された（後にインターネットで全文公開）ことも夢の本屋の具体化に一役買ったことは間違いない。

では仕入れの多様化という切り口から語るならどうか。そのためにはまず既存の出版流通システムについて説明する必要がある。ナショナルチェーンやローカルチェーンなど本屋の一般的なイメージの店における仕入れのことだ。これらの店は通常、大取次（日販、トーハン、楽天ブックスネットワーク）と呼ばれる本の卸問屋と契約し、この取次から送られてくる本を売り場に並べ一定の期間が過ぎたら本を返す委託販売制を取っている。このとき本屋の粗利率は定価の約2割。1600円（以下すべて税抜）の本であれば320円前後となり、そこから人件費や家賃、光熱費を支払うこととなる。本屋は薄利多売の商売なのだ。加えて、大取次との契約時には売上予想額の数カ月分の保証金を支払わなければならない。とすれば、本屋の開業がいかに難しいことか分かるだろう。そこに出てきたのが1984年に創業した文化普及協会のサービスである。児童書専門書店クレヨンハウスが母体となるこのサービスは、本は返せないながらも（買い切り）、保証金なし・粗利率約3割で仕入れられるようにした。2001年にはトランスビュー方式という取次代行と呼ばれるシステムも登場し、こちらも粗利率が約3割。たかが1割と思われるかもしれないが本屋にとってこの差は殊の外大きい。八木書店など神田村と呼ばれる小取次群と契約すればほぼすべての出版社の本を買い切りで揃えることができるのも独立書店にとっては嬉しいことだ。子どもの文化普及協会やトランスビュー方式ではどうしても手に入らない本も多いのだが、それを神田村は支えてくれる。加えて、書店数の減少に伴ってか直接取引を行う出版社も増え、近年では「BookCellar」（2020年サービス開始）や「一冊！取引所」（2020年サービス開始）などウェブ発注システムも整ってきた。

斯くして本の仕入れ方法の問題は構造的にも技術的にも大きく改善し、粗利率も改善されつつある。また先に書いたように意識的にも本屋開業のハードルは下がってきた。それはつまり、本屋が「行くもの」から「やるもの」へと変わってきたとも言えるだろう。だが「やりやすくなったから」、それだけで現在のようなムーヴメントと呼ばれる状況が作られるだろうか。

独立書店とは意志ある本屋

そのことに迫る前にまずそもそもの話、独立書店と呼ばれているものが何なのかについて書いていきたい。独立書店はここ2、3年で急激に雑誌や書籍で使用されるようになってきた言葉だが実のところ定義は曖昧だ。筆者が調べたところはじめてこの言葉の定義づけが試みられたのは雑誌『本とコンピュータ』2003年6月版に掲載されている永江朗氏の記事「本さえ売っていれば「本屋」である」だった。引用しよう。

〝独立系書店は何からの独立なのか。

……略……

もう一つは、既存の書店像からの独立だ。
客も店も誰もが自明のこととして疑わない書店像を、どうやって壊して新しい書店をつくっていくか。独立系書店が生き延びるには、そこにしか可能性はない。〃
そう「既存の書店像からの独立」である。それはつまりここまで書いてきた本屋に対する意識の変化そのものでもある。とはいえ、実は店の広さや店員の数など具体的な指標があるわけではない。訪れたお客さんがどう感じるかがすべてなのだ。並べられた本を見て独立書店と思う人もいれば、店主によって演出された空間を見て独立書店と考える人もいるだろう。もしかしたらそもそもそこが独立書店かどうかなんて気にしない人がほとんどかもしれない。それでもあえて、いま、定義するとするならばそれは「意志を持った店」だと筆者は考える。冒頭で書いたように独立書店の多くは決して広くないスペースで訪れるお客さんに差し出すものを真剣に考える。本も、雑貨も、空間も、イベントも。そのすべてが店主の意志によって選ばれたものなのだ。ヘイト本を例に取れば「扱わない」という選択肢があれば「隣に反差別の本を並べる」というやり方もある。どんな方法であれ結局のところその本を売場に置く判断をしているのは店主であり、その判断にお客さんはお金を払っているのだ。考えてみればほかの個人商店と同じである。そしてそういった個人商店をお金を稼ぐためだけにはじめる人は少ないだろう。であるならばそこには何らかの意志があるはずだ。果たしたい役割があるはずだ。
例えば、5月に機械書房をオープンする、リトルプレス作家で絵描きに造形まで行う岸波龍氏は「私家版詩集が揃う場所がなかったから作りたかった」とはじめた活動が身を結び実店舗を開くことになった。現在はそれに加えて「自分のアトリエ兼本屋で文学サロンにしていきたい」とも話す。同じく5月にオープンする街々書林は旅行作家でもある小柳淳氏が店主で、「旅を想う人、旅好きな人に好かれる本屋」を目指すと言う。それぞれの店主がそれぞれの人生を生きて本屋になるのだ。他人には大したことでなくても本人にとっては大切にしたい理由がある。出会いがある。物語がある。さあ、本屋の話をしよう。

2

東北・関東

あたりまえであることの驚異

早坂大輔
BOOKNERD

２０１７年に買い付け旅行と称してニューヨークの書店をあちこち歩き回っていた時のこと。街じゅうでバケツをひっくり返したような大雨が、その日の夕方から降り出した。急いでレインウェアのフードを被り、駆け足でイースト・ヴィレッジにある小さな古本屋を目指すと、もうあたりは真っ暗になっていて遠くからぽつねんとその書店の灯が見えた。店の軒先では眼鏡のグラスを雨粒で濡らした青年が本を大事そうに抱えながら立ち尽くしていて、その隣ではグレーのレインコートを羽織った老女が猫を抱え、店のショーウィンドウに飾られた書物の背表紙を目で追っていた。その光景を見た時に（それから先の旅中何度も経験するのだが）街の中でなぜ本屋が必要なのか、まるで目の前でビッグバンが起き、宇宙や生命体が誕生する起源を見せられたかのように覚醒したことを昨日のことのように覚えている。

コンビニで水を買うように、パン屋でバゲットを買うように、カフェでコーヒーをテイクアウトするように、街に本屋が存在し、本を手に取り、本を読み、本を買う。日常の延長線上に本屋があり、本屋がある風景が広がっている。ある人が見ればあたりまえの光景は、じつはあたりまえであることの努力と文化的下積みによって形成されていて、そのような不断の努力によって街が作られている、という覚醒。そうしたことがまるでイームズ夫妻が撮った『パワーズ・オブ・テン』の映像のようにぼくの眼前に凄まじい解像度でズームインしてきたのだった。

ずぶ濡れでおんぼろの宿に戻り、小さなベッドに足をはみ出しながら寝転んで夕方見た光景を思い出してみると、急に武者震いが止まらなくなった。

それは風邪をひいたのではなく、ニューヨークのような文化的蓄積のある街だからあのような風景が広がっているのであり、自分がこれから本屋を開店しようとしている街には個人書店すらないのだ。つまり自分がこれから始めようとしている向こうみずな文化的冒険（自殺行為とも言う）に対して武者震いがしたのだった。

本を慕う人たちが訪れる店

十三年におよぶ会社員生活を辞め、友人との起業にも失敗したぼくには、もうほんとうに好きなことをやるしか選択肢は残されていなかった。さもなくば一生偽りの姿で生きていくことを受け入れるしかなかった。今にして思えば、なぜあれほど切実だったのだろうと思う。大概の人は与えられた仕事に自らを合わせ、楽しみややりがいを見出していくというのに、なぜぼくにはそれができないのか。特別な才能のある、選ばれた人間でもあるまいし。ただあの時はそれを、その道を絶ってしまうとおそらく自分は生きながら死んでしまうだろうという妙な確信があった。それでぼくはさんざん悩んだ末に、本屋のない街に本屋を開くことにした。はじめから勝算があったわけじゃない。退路を断ち、がむしゃらになりふり構わず実現へとこぎつけた。背水の陣でもうとにかくやるべきことをやるしかなかった。

買い付けた本をとりあえず並べ、自分の蔵書をほとんど出してしまってもまだ店の棚はスカスカだった。それでも２０１７年の秋にぼくの小さな店はとりあえず開店した。地元や遠方の好事家、もの珍しさに集まった人びとによってはじめは順調に古書が売れていったが、ある時からピタリと動きが止まった。そもそも古書などそんなに需要があるわけではないのはわかっていたが、特に次の展開を考えていたわけではなかった。誰も来ない店内でひとり寂しげな音楽を聴きながら日がな一日店の窓から外を行き交う人びとを眺め、何か天啓が降りてくるのをじっと待った。

無類の音楽好きで古い音楽ばかり聴いていたぼくは、かつてはつまらないと思われた今の音楽シーンが急にピカピカと輝いて見え、その頃新しい「今」の音楽家のレコードを聴き漁っていた。実際、新しいアーティストたちの音楽はとてもユニークで素晴らしく、何より今を生きるぼくたちの感覚をとらえる何かがあった。音楽がそうなのだから、本も現代を生きている人間たちの本が置いてあってもいいのではないだろうか。そんな考えで翌年からこれはと思う新刊本を仕入れ、店で売るようになった。今まで過去の素晴らしい芸術や文学を耽読し、その中に埋没していたぼくはまるで血を入れ替えられたような感じがした。毎週のように入荷する新刊本は瑞々しく、何より刺激的で、本を読み紹介することが楽しかった。そうした感覚を求める人びとがやがて店を訪れるようになり、ほんとうに少しずつじわりじわりと本を慕う人びとが店に訪れるようになった。食っていくためにはオンラインストアの開設、拡販も必要な要素だった。オンラインストアを活用して日本全国の人を顧客にするためにはどうしたらいいのか、ぼくなりに無い知恵を絞り考えてみた。本に興味がない人でもぼくの店を支援してくれるように、海外の書店のようなトートバッ

大人の科学 マガジン
BEST SELECTION 06
テルミン
思ったより弾けますよ
A DOG'S GUIDE TO TOKYO
SONIA
RICHARD AVEDON PORTRAITS
THE AMERICANS
MINAMATA
W. EUGENE SMITH
AILEEN M. SMITH

グやTシャツなどのマーチャンダイズも必要だと感じた。ある女の子との出会いがきっかけで勢いで出版も始めた。新刊本と古書のフュージョン、オンラインストアの開設とマーチャンダイズの拡販、そして出版。今ではいわゆる独立系書店が開業時からマネタイズするためにあたりまえのように行っていることを、うちの店は行き当たりばったりでその時々でなんとなく始めた。かつてサラリーマンだった頃に散々作っていた事業計画書を書いて、計画にのっとって店を経営するなんてまっぴらごめんだった。そんな仕事はつまらないのだということをかつて嫌というほど味わったぼくはもっと場当たりでフィーリング重視、格好よく言えば有機的な連帯や直感的なアトモスフェアを大事にすることにした。税理士や中小企業診断士、そんな人たちから見たら自殺行為に等しいことを平気でやること、けっして石橋を渡らず、失敗すら自分の滋養にしてしまうことこそが、この店のアティチュードでぼくの信条だった。

ぼくが好きな人たち、例えばパンクのミュージシャンたちや激動の60年代を生きた人びと、パリのシェイクスピア・アンド・カンパニー書店やニューヨークのブックス・アンド・カンパニーのような店だってそうだったはずだ。ビジネス書なんか読まず、彼らが考えていたであろうことを夢想し、彼らの架空の心の声に従って店を営んでみた。

店主の個性ではなく

本を売るという商いは、思っていた以上にシビアでハードだった。少ない粗利、次々と発売される新刊本、たくさんの仕入れ、不景気、コロナ、戦争、物価高。これは売れると踏んでいた本を大量に仕入れたが、まったく売れないということもよくあった。本がぜんぜん売れなかった月もこたえるが、たくさん売れた月の次の月もこたえた。その分たくさんの支払いが必要になるからで、売れた金はあっという間に口座から消えて跡形もなくなった。右から左に金を作り、金を送り、また金を作っては金を送る。毎月その繰り返しで口座はいつもすっからかんだった。それでも本を仕入れ、本を紹介し、イベントを開催し、展示を行い、文字通り自転車操業で店は回り続け、季節は巡り、気が付くと様々な人びとがぼくの店を通りすぎ、ある人はとどまり続け、そしてまた去って、友人のような人懐こい顔をしてまたふらりと現れ、店は続いていった。店を続けて何年か経つと、いつしか本を売っているのか、何を売っているのかよくわからなくなってきていた。本という物体を売っているはずなのに、本ではない何かが受け取った側である客に残り、売る側であるはずのぼくにも残った。その正体は今もうまく言語化できないが、例えば喫茶店でコーヒーを飲んでも、レストランで料理を食べても、自分が好きだなと思う店からはその何かを受け取ることができた。エントロピーとも言うべきそれは、人の熱量であるとも言える。例えば大型書店で本を買っても残らないそれは、なぜぼくやぼくのよく知るスモールショップにはあるのか。そのようなある意味霊的な何かを受け取り、手渡す行為がモノを売る意味なのだということが馬鹿なぼくにもいつしかぼんやりと見えてきた。エンドユーザーにいちばん近い場所で、意志を持ってそうすることがいちばんパンクでかっこいいことなのだとも。

ある時期からもう最初の頃に考えていたヒロイックな考え方、街に文化を作るとかそういうことはどうでもよくなってきた。大体文化なんて作るものじゃない。文化というものはメディアによって煽られるものだと気が付いたから。むしろできるだけ小さな規模で熱意を込めて商売をやること、続けること、そうした店が街に多く存在することが文化の本質だとぼくなりの結論にたどり着いた。

ぼくが毎日あでもない、こうでもないと悩みながら店を開け、それでも誰かがやってきて本を買い、全然知らなかった面白い書き手に出会う、あるいは全く未知の考え方を知る。そのようなことが一日十人の客が来るとして、そのうち一人にでも体験してもらえたなら。ある日、彼や彼女が再び店にやってきて彼らが本を通じて体験したことをぼくに話してくれたなら。その日起こったことを肴にぼくは美味しいビールを飲み、また明日も頑張って店を開けようと思える。そして本屋はそのような体験の蓄積で続いていく。彼らのような客がぼくの営む小さな店を支え、彼らの支払った対価によってまた新しく良質な本を仕入れる。繰り返し繰り返し少しずつ分母を増やしながらそうした日々が続いていくこと。できるだけ個人としての店主の個性を消し、本屋としての肉体性を宿していくこと。ただただシンプルな（だがきちんとクレバーで熱量のある）商いということに結実していくこと。

彼ら（客）の考え方を変えたいとか何かを啓蒙したいとか、この街に書店文化を根付かせたいとか、もうそんなことはどうでもよくて、彼らに何かを提供する対価として金銭を受け取り、ただただその商いをいつまでも（できれば死ぬまで）続けて行けたらと思う。八百屋が野菜を売り、肉屋がコロッケを売り、蕎麦屋が蕎麦を売るように、本屋が街に存在し本を売り続ける。その不断の努力があっけらかんと存在することの驚異を、誰もが享受できる街であってほしい。

雨の日には軒先で若者が本を抱え雨宿りをし、ある時は老女が猫を抱えウィンドウ越しに本を眺める。２０１７年にぼくがニューヨークで見た光景がこの街で本屋として本を売り続けることでようやく初めてぼくの記憶の中で上書きされ、瞼の中に収斂される。その日を楽しみにぼくは今日も店を開け、本を並べ、本を売る。

大切な一冊

『女の足指と電話機』（中公文庫）

虫明亜呂無

「コラム」という言葉を目にしなくなって久しい。たとえば喫茶店で珈琲を一杯飲むあいだ。あるいは朝の通勤電車での憂鬱な時間をやり過ごすための、ほんの軽い読み物。そうした文章を読む余裕すら今を生きるわたしたちにはないのかもしれないが。映画や音楽、文芸やスポーツなど幅広いジャンルを縦横無尽に横断し、上質で官能的ですらある大量のコラムを書いた虫明亜呂無のことを、ぼくは忘れたくない。

BOOKNERD

〒020-0885
岩手県盛岡市紺屋町6-27
https://booknerd.stores.jp/
［営業時間］12:00～19:00
［定休日］火／第一水曜
Twitter: @BooknerdMorioka
Instagram: @booknerdmorioka

自分なりの速度で自由な場所を

PEOPLE BOOKSTORE
植田浩平

ずっと、自分の店を持ってみたかった。古着屋、本屋、レコード屋……と、時々の興味によって業態は変わっても、漠然と、店を開いてみたかった。のんびりとお客さんを待ち、世間話なんかをしながら物を売る。そんなあり方に憧れていた。

２０１３年４月に〈PEOPLE BOOKSTORE〉を開店したのは、何よりまず、場所があったから。〈千年一日珈琲焙煎所〉のつくば市内での移転に伴い、店主の大坪茂人さんから筑波大学に隣接する並びの空き部屋を紹介してもらった。「植田くんも、店をやってみたらいい」と。ここで何をやれるのか。そう考えてまず浮かんだのは、人の集まれる場所。友人たちが来て、好きなように話をしたり交流できる場があったらいい。でも、それでは維持費が工面できそうもない。じゃあ、本屋をやってみるか。本はもちろんCDやレコードなどの音源、Tシャツも売ればいい。やらない理由は見当たらない。とりあえず、やってみよう。

加えて言えば、大坪さんからの話があった2012年頃、つくば市には同世代が営む店がほとんど無かった。誰の手も入っていない場所を作るならば、今しかない。頭に浮かんだのは大学卒業直後に短期滞在したアメリカでの日々。ボストン〜ニューヨークを歩き回って訪ねた本屋、レコード屋の雰囲気、佇まいを再現したい。店にいて、自分の好きなレコードをかけながら本を読んでいればいいだろう。気張らずに力を抜いて、やれたらいい。

もらいっぱなしの店づくり

構想していく過程で、筑波大学を卒業したばかりの友人、中村友貴に声をかけ、共に店を運営することにした。勢いづいたものの、計画は白紙。ここから、何を、どう進めればいいのか全く分からない。知識も準備もゼロのまま、始めることだけ決めてしまった。

そこでまず頼ったのは、前述の大坪さん。不動産契約から駐車場の確保、何から何まで相談して、背中を押してもらった。大坪さんも隣で新店舗をつくることになっていたので、工事を共にできるのも心強い。自分はインパクト・ドライバーすらまともに触ったことがなかったが、まあ、どうにかなるだろうと楽観的に考えた。よーし、さっそく手を動かそう！　といきり立ったが、まず立ちはだかったのは、選択の山。壁を壊すか、そのまま残すか？　天井の色は？　床はどんな材質にする？　店づくりには、大小の選択があり、その一つ一つを決めていくのは骨の折れる作業だと工事中に思い知る。

旧知のミュージシャン、曽我大穂さんの存在も大きい。店ができたら大穂さんのライブが好きなように企画できる！　と着想したことも工事中のエネルギー源になった（実際、開業初期に複数回、店での演奏の機会を設けてくれた）。自分たちの開店準備と曽我家の東京からの転出時期が重なって、不要になった机や椅子、カセットテープ、ビデオテープなどを大量に譲ってもらい、それらがそのまま店の基盤の什器になり、商品にもなった。

その他、工事中の壁貼り作業では、中村くんの大学の同級生に手伝ってもらった。床下の基礎づくりを共にした職人さんの協力も大きかった。そうした人を紹介してくれた上、工事の進行スケジュールまで作ってくれた友人もいる。とてもじゃないが、関わってくれた人すべての名前はここに書き切れない。

端的に言って、店づくりにかかった費用は約50万円。契約、工事費込みでこの金額だか

ら、すごく安い。工事道具のほとんどは大坪さんに貸してもらった。友人たちも手弁当。なんせもう甘えっぱなしだ。人も、物も、集まってくるまま。当たり前の顔をして、あらゆる力を借りていた。

今となっては恥ずかしいが、店の顔となる古本も寄付を募って集めてしまった。自分のブログ、ツイッターで呼びかけてみたら、予想以上に多くの人が本を提供してくれた。付き合いのある友人がいれば、少しだけ知っている人、まったく知らない人も混ざっていた。

開業資金、約50万円は実家暮らしの期間中、家に入れていたお金を使わせてもらった。大学卒業後、就職もせず、ふらふらと暮らしていた息子が店を始めると言い出した。そりゃあ心配が先立つけれど、言い出したら聞かないのも分かっている。そんな諦めがあったのか、「この金でやれることをやってみな」と託してくれた両親には、今も感謝している。

開店にむけて

取次店との契約ができるわけがなく、古書組合に加入する意思もなかったので、とりあえず、古物商の資格を取ろうと決めた。警察署におもむき、言われるがまま書類を作って、提出。1か月ほど待っていたら申請が通った。本の買取ができる立場を得て、古本屋として開業することになる。とは言え、自分はど素人。どんな風に呼びかけて、本を買い取ればいいのか、勝手が分からず、うろたえていた。

寄付を募って集まった本に加えて、あちこちのチェーン系新古書店でかき集めてきた本、雑誌などでどうにか棚をつくった。つまらない話だが、主にインターネットで相場を検索しながらの値付け。しかも、手元にある本がどんな人の元に渡っていくのか想像できない。一貫性のない、めちゃくちゃな値付けをして、棚に並べていった。

このあたりで、段々と開店するのが怖くなってきた。ある程度の工事が済んだ時点で、ほぼ店は完成したと感じていたものの、先のことを考えると、頭は真っ白。ここが人に見てもらうべき場所とも思えない。なんだかんだと言い訳をしながら、開店日を決めないままでいたのだけれど、ある日、特別な理由もなく4月8日に開店しようと決めた。

開店当日は偶然にも筑波大学の入学式。満開の桜のなか、中村くんと一緒に近所の食堂で乾杯。まあ、誰も来ないだろうなんて気分で店に戻ってみると、店番を頼んでいた人が慌てている。「さっそくお客さんが来ちゃったよ!」「どこに行ってたの!」と少し怒られた。ここまで来て格好のつかない話ではあるが、このことは今もよく覚えている。

いざ、店を開けてみると、驚くことに人が来る。そのほとんどは興味本位、物珍しさだったと思う。品揃え、値付けに落胆した人もいただろうし、いい加減だと感じた人も多かったはず。それでも、自分の店に人が来てくれるのは嬉しいことで、一人一人に興味持って声をかけていた。「どこから来てくれましたか?」「なんで知ったんですか?」など、遠慮なく。当然、口を閉ざす人もいたけれど、大部分の人が嫌がらずに話してくれた。とにかく開店直後、最初期は今よりも多くの人が来て、いろんな興味のもとで観察されていた。

無邪気に喜んでいられたのも、3か月くらいだろうか。早い段階でお客さんと話すのが面倒に、苦痛になってきた。そうなってやっと理解する。これまでに自分が訪ねてきた古本屋の店主たちはどこか淡白、無口な印象の人が多かった。手元の本をめくっているか、黙って帳場に座っている。店に来る人、すべてが客とも限らないなかで、愛想を振りまく必要はない。商品に関して質問されるか、会計があれば口を開く。まず店としてやるべきことは、お客さんが本を見つける上でのきっかけ作りだ(その為の整理、陳列の技術に関する本が必要とされるのも今になっては理解できる)。

来てくれた人と会話をしながら、気楽にのんびりやれたらいい、そんなイメージは早々に崩れた。開店してからしばらくは、力の入れどころが分からず、混乱していた。本屋としての自覚もめばえないまま、理想を見失い、閉じこもるような時期もあった。

本屋の醍醐味

PEOPLE BOOKSTOREを開店してから、10年が経った。思い付きで始めただけあり、コロコロと転がり、あちこちの壁にぶつかった。それでもやめる気が起きなかったのは、店で会った人、手に取った本のおかげだ。店をはじめる以前は気にも留めなかった書き手に興味を持ち、著作を読み込むことで、あらたな扉が開く。時間をかけて本を読み、自分なりの思考をめぐらせれば、店にも力が付いてくる。

気に入った著者の本を意識して集め、棚に並べていくと、たまにお客さんから声をかけられる。私も、この人の本が好きなんだ、とか。ここにないけど、あの本も面白いですよ、だとか。そうして顔馴染みになった方が同著者の本をまとめて売ってくれることもある。どさっと置かれた紙袋から本を取り出して、ハッとしてお客さんの顔を見る。ニコッと笑ってもう読まないからさ〜と言って託してくれた、何人かの顔が浮かぶ。店の棚の基礎をつくってくれた、恩人たち。

恐る恐るではあれ、自分なりの目で本を見て、査定をする。一律の割合ではなく、時々の気持ちを込めて金額を伝える。了承してもらい、代金を支払う。買い取った本たちを改めて手にして、値段を付け、棚に並べる。その本がまた、別の誰かに買われていく。そうスムースに動かなくても、店に置いておけば、手に取られる機会はつくっておける。本の循環に携われる古本屋の役割は、なかなか、味わい深い。

もっともらしく書いてはいるが、そんな風に感じはじめたのは、5年目が過ぎたころ。開店してすぐの数年間は滅茶苦茶だった。集まってくる友人たちとビールを飲んで、朝までぶっ倒れていたこともある。遅くまでレコードを聴いていてパトカーを呼ばれたこともあった。好き放題に遊んでいただけなのに、人が来てくれたのだから不思議なものだ。

入り口さえ開けておけば、店にはいつ、誰が、どんな用件で現れるか予想がつかない。

初対面の人に電話を貸してと頼まれたり、若者にお金を貸したこともある。憧れの人が、突然やって来る。お客さん同士が結婚して、子供が生まれたり、遠くに引っ越していったり。もう会えなくなってしまった人もいる。予想外の喜び、戸惑いを感じるたび、巡り合わせの不思議さに思いを馳せる。幾つもの偶然が重なって、今も自分は店にいる。

こんな調子で店を始めた自分にも、本屋を開きたいと相談に来る人がいる。そんなときはできるだけ早く始めた方がいい、そして、少しでも長く続けてほしいと伝えている。準備不足でも始めてしまって、その人なりのやり方を見つけられれば、どうにかなる。各人の個性が活かされた店がもっともっと増えたらいい。

そうそう儲からないけど、奥が深い。続けるほどに味が出る。それが古本を扱う面白味なのかなあと今、思う。新刊や新譜を仕入れる興奮も混じえて、鮮度を保ち、今後もお客さんを迎えていきたい。これを読んで興味を持った方が、店まで足を運んでくれたら、とても嬉しい。面白い店だと感じてくれれば、幸いだ。

大切な一冊

『Get back, SUB!　あるリトル・マガジンの魂』（本の雑誌社）

北沢夏音

本書に注入されたスピリットは今も色褪せず、心のなかにある。著者・北沢夏音さんから受けた影響、受け取ったものたちは形にならずとも、店のはしばしで息をしている。ずっと店に置いておきたい本である。

PEOPLE BOOKSTORE

〒305-0005
茨城県つくば市天久保3-21-3　星谷ビル1-E
mojomojo.people@gmail.com
http://people-maga-zine.blogspot.com
［営業時間］火曜～金曜 15:00～20:00
土曜日 13:00～20:00　日曜日 13:00～19:00
［定休日］月曜日
Twitter: @mojohey

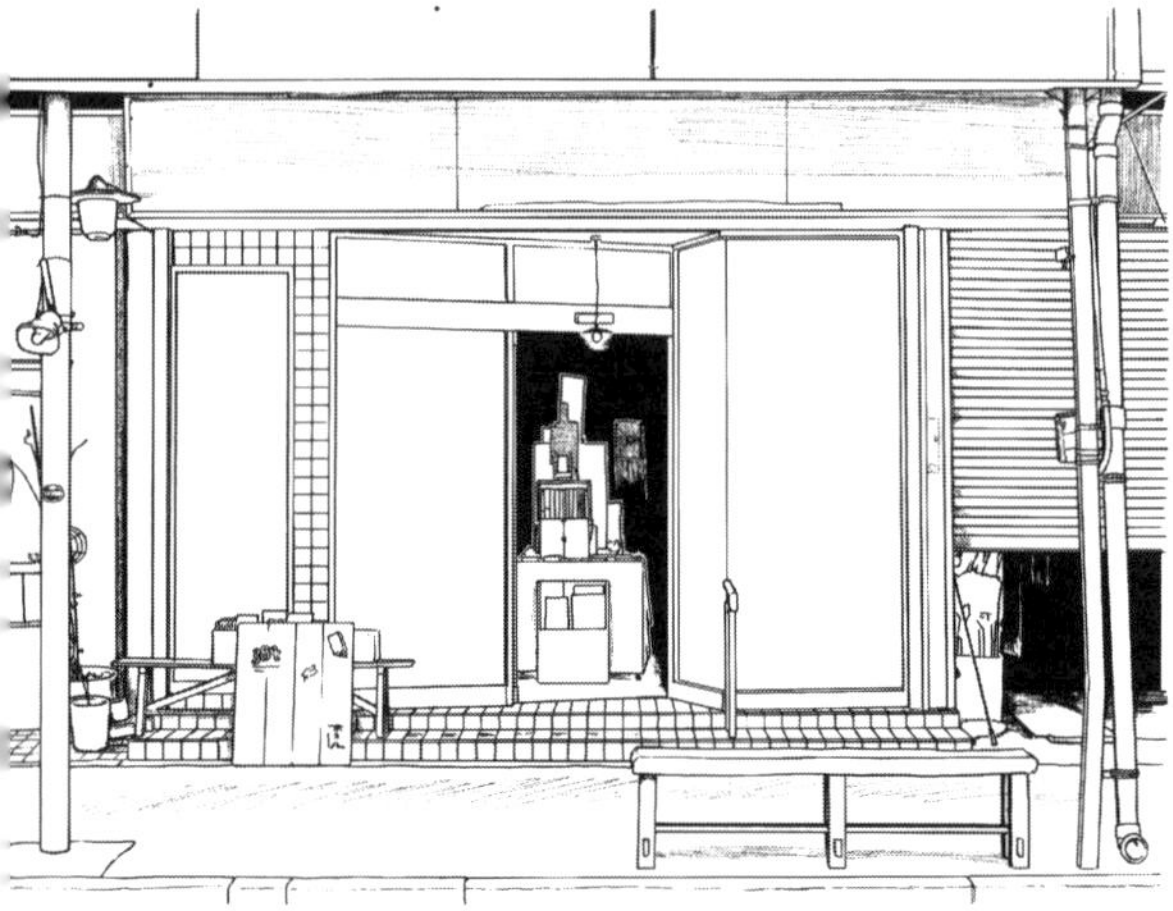

物語と現実の両方を肯定したい

深澤 元
吉田尚平
つまずく本屋 ホォル

受け身でいるために　深澤 元

一昨年の5月、本屋を始めた。いや、始めることになった、という方が正確かも知れない。私は本屋をやるつもりなどなかった。近所の古本屋でアルバイトをしながら、本を安く大量に買えたらいいな、と思っていたくらいだった。

しかし近所には古本屋などなかったし、また学生だったので本を大量に買う金もなかった。そこで、川越市にある新刊書店で社割を目当てにアルバイトをしながら公務員を目指したり（不合格と留年により叶わなかった）、印刷所に面接に行ったりした。

印刷所からは内定をもらった。しかしまたしても留年により内定は取り消された。Uber Eatsの配達パートナーをしながら食いつないでいたが、吉田という知り合いに仕事をもらえることになった。商店街の取材だ。かつて彼の運営していた38℃カフェによく遊びに行ったり、店を手伝ったりしている仲だった。取材に通ううち、吉田は新たに場所を構え、本屋をやろうとしていることがわかった。その計画について話を聞くうちに、一緒にやらないかと誘われた。私は何を思ったか、すっかり自分で店をやるのだと勘違いし、週6でいますなどと口走った（後から吉田に聞くところによれば、手伝ってもらう程度で考えていたらしい）。改装は吉田が知り合いを集めて行った。無論私も手伝った。時間はひと月しかなかった。とつぜん本屋をやることになったので、もちろん金もなく、置く本も仕入れられない。仕方なく私の蔵書を手放し初期在庫とした。

私にとって本屋をやることよりも、たくさんの本が買えたり、読めたりする方が大切だった。でもよく考えてみると、本屋はたくさん本を仕入れられるのだし、買取価格や卸価格で本が手に入る。私より本に詳しいお客さんも来てくれるだろう。そうなれば、私の読書の幅は一気に広がる。一人では買うのにも読むのにも限界がある。店という形を持つことによって、一見遠回りには見えるが、やりたかったことが叶うのではないか。

後付けで言い訳めいているのを承知の上で、以下のようなコンセプトを考えた。本屋は読者と出版社、または作家の間に位置する。かつ、出版社のように本の内容を考える仕事ではない。内容を吟味し、読者に届ける仕事、とひとまずは言えるだろう。ただ、「届く」ことが必ず約束されているわけではない。在庫は作り手の元でもなければ、読者の元にあるわけでもない、宙ぶらりんな状態なのではないか。そこで本をポーンと放る、というイメージができ、放るきっかけとして「つまずく」をつけた。誰かに届ける、という真面目な使命はきっと、後からついてきてくれるだろう。私はそれよりも、本を宙に放られた、中途半端な状態のまま維持することに力を注ぎたかった。うっかり手放された本が、手に取られたり、買われたり、買われなかったりする可能性を担保する場所にするのだ。

そもそも私は「うっかり蔵書を手放した」当人でもある。今まで読んだ本を読み返せず、また同じ本の並びを二度と手元に再現できないという点で私の生きてきた25年間の喪失とでも言える事態だが、本を「放る」ことで何が起こるか、期待するしかない。

店を開くので精一杯で仕入れのことを忘れていたが、古本は買取で仕入れ、新刊も出版社や個人との直取引で仕入れ始めた。皆さん優しく対応して下さり、こんなに小規模でも本屋は本屋として扱ってもらえるのだと、「本屋」という概念がまだ尊重されていることを感じた。

また、夏になって客足が遠のくようになってから新刊定期便というサービスを始めた。

通常の選書サービスとは違い、お客様の個別の好みや読書歴は反映せず、こちらの独断によって各コース一冊の本が選ばれる。ただ一方的に本を送りつけるだけでは傲慢なので、選書の根拠（あるいは言い訳）として５００字程度の解説を付ける。

他にも、夜にイベントを企画してくれと頼まれて「読んでいない本について堂々と語る読書会」というものを考えたりした。読んだ本しか語れないのなら本屋はとっくに廃業だし、まして読了しやすい本の話題だけが溢れるなんてまっぴらごめんだ、と前から考えていた事を元にした。これには参考文献としてピエール・バイヤール／大浦康介訳『読んでいない本について堂々と語る方法』（筑摩書房、２００８）が役に立った。

基本的に何か起こった後に対処しているし、受け身である。元々が「本を買いたい、読みたい」としか考えていなかったので当然かも知れない。しかし、後から対処しているうちにやりたいことややりたくないことがわかってきたりする。私はそれを待ち構えているのだ。

本屋を始めて一年経ったが、始める前と変わらずよその本屋に出かけては本を買っている。でも遠くにはまだ行きたい本屋もある。今度はそれを正当化するために、紀行文を書いて売り上げを補填しつつ、遠くの本屋を訪れるのもいいかも知れない。おそらくこんな調子で、起きてしまった出来事と自分の欲望、それから本屋として期待される振る舞いの間で右往左往しながらどこかへ向かう事だろう。それが前へなのか後ろへなのかは、あまり気にしないでおきたい。

あえてライフルを舞台上に　吉田尚平

わたしは店長の深澤とともに「つまずく本屋 ホォル」を営む共同運営者です。これまでの職業的な経験から、店舗の改装や企画・デザイン面を担当しています。お互いに意見を交わしながら運営を行い、ときおり店番もしています。しかし、恥ずかしながら、開業するために経験を積んだわけでも、マーケティングを行ったわけでもありません。どうやって生きていけばよいのか分からないという濃い霧の中にいて、ある種の方向性を「本のある場所」に見出し、なんとかこれで進んでみようと賭けてみた、というのが正直なところです。ですから、ホォルでの具体的なあれこれは深澤が書いてくれるとして、わたしは少し離れた場所から書いてみます。

さて、世の中にまったくの偶然というものがあるのかないのか分かりませんが、おそらく、本屋を始めたのは偶然の出来事だったと思います。振り返ってみると、いくつかの断片的なきっかけのような出来事が浮かんでくるものの、そのどれもが他者から降ってきたものであり、それらを集めてなんとか組み立ててみたら本屋になったという非常に不恰好な結果でしかなく、まるで増改築を繰り返しすぎてどこから建て始めたのか分からない建物を見ているような気持ちになります。可能であれば、それらの出来事を美しく配置し、因果関係で結び、秩序立てて説明したいのですが、すぐに解けてバラバラになってしまう気がします。

でもまあ、グダグダ言っても始まらないし、こうこうでこうなって、と整理して説明してみよう！と、いうわけではなく、せっかくこのような機会をいただいたので、増改

築を繰り返した建物の美学について、でもなく、ホォルの現状と目指そうとしている本屋のあり方について考えてみようと思います。

先ほどから話題にしている建物は、建て始める前に先だって青図（図面）が描かれているわけではなく、建物を秩序立てて構成する構造も見えず、行き当たりばったりに継ぎ接ぎしたかのようで、一貫性がありません。このような、たまたまそうなってしまったものをいかに語るべきなのか、いつもモヤモヤするわけですが、そのたびにチェーホフの「誰も発砲することを考えないのであれば、ライフルを舞台上においてはいけない」という言葉を思い出します。

この言葉は、物語において舞台に出てくるすべてのモノやコトに意味があり、伏線として回収されなければいけないという、創作におけるある種の規範のようなものです。たまたま壁に掛かっていたライフルが、なにかのはずみで発砲されてしまったことで悲劇になってしまうように、周到に用意された「偶然」が、運命として「必然」に変わるというダイナミズムは、物語を駆動するための装置として驚きや感動をもたらしてくれます。だからわたしはついつい、物語におけるこの規範を現実に照らしてしまって、辛い「偶然」を許せずに、自分に都合よく「意味」を与えてしまったりします。

しかし、身の回りにあるのはやっぱりリアルな現実で、特別な意味を持たない、無意味なモノやコトにあふれています。偶然もまた、必然に変わることなく偶然のままであることがほとんどです。そして本屋という場所もまた、物語ではなく、ただの現実としてここにあります。

このような物語と現実との落差を前に、先の規範を持ち出して、たまたまそうなってしまったものを物語にならない最悪の現実として批判したり、貶めたりするしかないのでしょうか。

「あなたが生まれてきたこと、生きていくこと、本屋をやっていることにはなんの意味もありません。ただの偶然です。」と死神に告げられでもしたら、絶望するしかないのでしょうか。

わたしがホォルにおいて考え、実践しようとしている目標（つまり言い訳）は、「意味」にも「必然」にもならない「偶然」を受けとめるために、先立って青図を描くことなく、秩序を欠き、継ぎ接ぎだらけで一貫性のない本屋としてこの現実を肯定し、物語との落差を埋めていくことです。

それは現実を物語のようにしたいとか、物語を現実にしたいということではありません。物語と現実の両方を同じように肯定したいという願いです。本という誰かが書いた物語への入口と、本屋という誰かが生きる現実の場所とを可能な限り滑らかに往復したいという希望です。

そのためには、ライフルを舞台上に置いてみても良いのかもしれません。それが誰かによって発砲されるかもしれない。あるいはまったく発砲されないかもしれない。いずれにせよその結果について、物語のように出来不出来と評価をくだすことなく、ただその現実をきちんと見ておくという姿勢でいたいと考えています。

そういえば、以前、ホォルでこんなことがありました。お客さまが自身で書いたボブ・ディランについての論文を持ってきた日の午後、別のお客さまが"Hard rains gonna fall"のレコードを持ってきて、試しにと聞いていたら突然豪雨が降り始めたのです。よくできた物語を読んでいるようで、とても感動しました。ただ、同時に、このことがたまたま起こらなかった不恰好な現実を想像して、それはそれで美しいと感動できる本屋にしたいと思っています。

大切な一冊

深澤元

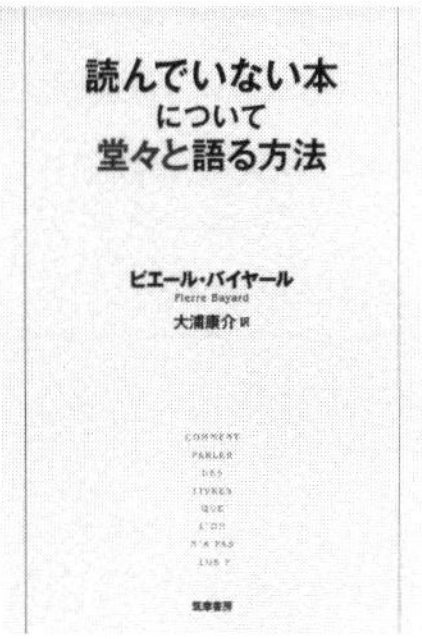

『読んでいない本について堂々と語る方法』（筑摩書房）
ピエール・バイヤール／大浦康介訳

「読んでいない本について語る」ことは、誰でも実践している。それを意識したり、まして〈創作者になること〉（P269）であると思ったりしないだけだ。そうでなくては、誰が出たばかりの本を書店に並べられるだろう。本屋とは何か未だによく分かっていない私にとって、読む、書く、語る、売るなど多岐にわたって基礎となる問いを投げかけてくれる一冊である。

吉田尚平

『記録を残さなかった男の歴史　ある木靴職人の世界1798-1876』（藤原書店）
アラン・コルバン／渡辺響子・訳

偉業を成したわけでも事件を起こしたわけでもない、出生記録しか残っていなかった男の個人史が微細な情報を通して立ち上がってきます。大文字で語られる歴史や社会に先立って、無数の個人の生がこの現実をかたちづくっていることを再認識させてくれた一冊です。この本のように、細部へのまなざしをもって、個人に立脚した空間／場所を作りたいと本屋を始めることにしました。

つまずく本屋 ホォル

〒350-1109　埼玉県川越市霞ケ関北4丁目22-13
［営業時間］12：00～20：00　［定休日］金曜
https://linktr.ee/hoorubooks
Twitter: @hoorubooks　Instagram: @hoorubooks

多様な声が共生する本屋に

橋爪文哉
小声書房

本屋の店主と言えば、幼少期からたくさんの本を読んできた読書家というイメージがあるかと思いますが、そこまでたくさんの本を読んできたわけではありません。ただ、幼い頃から現在に至るまで、本は身近にありました。寂しいときや孤独な気持ちを抱えていたとき、ふとページをめくったときに心に残るフレーズや人生を支えてくれるような言葉に出会い、救われた経験があります。具体的なデータや確証があるわけではないのですが、本って良いなと思い続けていますし、本は人生を豊かにしてくれるメディアだと信じています。

小声書房という名前には「本屋という場所を通して、一つ一つの小さな声に寄り添い、丁寧に発信していくことで、多様な声が共生する場を作る」という想いを込めています。ステレオタイプや紋切型社会に対するアンチテーゼとして、1つの主張が絶対的なものではなく、異なる意見や別の選択肢もあるということを提示していきたい。「本を売りたい」という目的はもちろんありますが、様々な情報の選択肢に触れる機会を作り、自分は自分で良いという自己肯定感や生きる活力を生み出すなど、「一人一人の人生を応援する」場所を作りたいと考えています。本があることで誰かが救われるかもしれない。誰かの心の支えになるかもしれない。なかなか本が売れない時代ですが、本を求めている人のために本屋を開くというのは意義のあることだと思います。誰かにとって寄る辺になるような本との出会いがあればという願いを込めて本屋を始めることにしました。

アンソロジーを推す理由

地域のなかで必要とされるような「街の本屋さん」を目指しています。自分のこだわりだけでセレクトした商品を並べるだけではお店は成り立ちません。書店員として働いていた経験を生かし、お客さんとコミュニケーションを取りながら、どのような本が求められているのか常にニーズを探っています。実際、お客さんから本や作品について教えてもらう機会も多く、選書や棚づくりに生かしています。何度、足を運んでも、新しい何かを見つけてもらえるような場所にすることが理想であり、常に変化していきたいと思っています。昼間はお子様を連れた親御さん、夕方や夜間は学校や仕事帰りの方などに気軽に立ち寄ってもらえるような、普段使いの居心地の良さを感じてもらえるような本屋にすることができればと思っています。

独立系書店や個性派書店と名乗ることには抵抗がありますが、当店で唯一のこだわりがあるとすれば、「世界で一番アンソロジーを売る」という方針を打ち出していることだと思います。店舗を構える前からアンソロジーだけを販売するイベントを開催して実践を積み、店舗を構えてからは店内にアンソロジー専門棚を作り、棚づくりに精を出しています。

そもそもアンソロジーとは何かというと、「ある視点をもって一人の作家の作品を蒐集してまとめたものや複数作家の作品を収録して1冊の本にまとめた書籍」のことを指します。アンソロジーはしばしば〝寄せ集め〟といった蔑称がつきがちですが、編者がある視点をもって編んでいると捉えれば、編集の妙を感じることができると思います。

アンソロジーを推す理由として、様々な作家の作品に触れる機会を作ることで、誰かにとって大切な作家や大切な作品との出会いを増やすきっかけを作ることがあります。本が好きな方はある視点から編まれた短篇作品を読むことができ、普段あまり本に親しみのない方は知らない作家や自分の好みに合う作品を見つける機会を得ることができます。自分にとって大切な本が1冊でもあれば、読書をする楽しみも増えると思いますし、一人ひとりの心が豊かになるのではないかと思っています。本屋としては、本を届けることで、ポジティブな機会を生み出していきたいと思っています。

近隣からも遠方からも距離は問わず、本が好きな方や本屋が好きな方に来ていただけると嬉しいのですが、寂しさや孤独を抱えていて、本を必要としている方にも来てもらいたいと考えています。孤独な人が孤独でいることができる場所。自分が自分で良いと思えるような場所。言葉には出しませんが、存在を認め、寄り添い、背中を押してあげることができる場所になればと思います。だからといって、お客さんが店内で何をしても良いわけではなく、気になる行為があれば、きちんと注意をします。店主とお客さん、お客さん同士でコミュニケーションを取りながら、ほどよい距離感のなかで店を続けていくことができればと考えています。

子リスのアール
ドン・フリーマン 幻の絵本
ぼくは ひとりで

ポケットアンソロジー

どこで誰と本屋をやるか

２０１６年〜２０２１年までの約5年間、新刊書店で勤務する傍ら、２０１７年４月23日に「小声書房」という屋号で個人的な本屋活動を開始しました。いつか自分の店を持ちたいとは思っていましたが、活動当初は店舗を持たず、毎月１回以上の頻度で一箱古本市やブックイベントに参加し、ライスワークで本を売り、ライフワークでも本を売るという生活を続けてきました。小規模の出版社に連絡を取り、文芸誌やリトルプレス、ＺＩＮＥなどの取り扱いをしたり、コワーキングスペースやイベントスペースを借りて読書会やブックイベントなどを開催したりしました。また、複数個所のシェア書店に参加するなどして、間借り書店としての経験も積んできました。

有難いことに、書店で勤務していた時期に付き合いのあった出版社の方や個人の本屋活動を通して出会った方とは現在でも関わりがあり、書店を始めたことを応援していただいております。いつか恩返しをすることができればと思っております。

いきなりお店を開くのではなく、時間をかけて「自分の手で本を売る」という経験を積み重ねてきたからこそ、しっかりと心の余裕をもって準備をすることができました。スケジュール通りに計画を立て、２０２２年４月23日の活動5周年を迎える節目に埼玉県北本市で実店舗をオープンしました。

開業までに大変だったことは、物件選びです。埼玉県出身なので、埼玉県のどこかで本屋を始めたいとは考えていました。ただ、理想を描くだけではなかなか物件も決まらず、とりあえず地域に入ってみようと各所に足を運んでいきました。いくつかのエリアを見て回りましたが、不動産紹介サイトに掲載されているような物件は条件が合わず、地域としてのイメージもわきにくいものばかりでした。考えていても埒があかないため、街に入って地域の人に話を聞いてみようと思いました。

店舗を構える埼玉県北本市は都心から電車で1時間もかからないほどの場所に位置しています。〝都心から近く、ほどよく田舎〟ということが特徴であり、近年では農がある暮らしを掲げ、グリーンツーリズムや森林セラピーなどが盛んに行われています。

北本市は行政にも活気があり、とにかくエネルギッシュで新しい挑戦を後押ししてくれる懐の深さがあります。また、私より少し年齢が上になる30代後半の若者の皆さんが行政と一体となって街づくりや地域活性化事業に取り組むなどの動きがあり、個人の小さな営みを応援してくれる風土があると感じました。お店を出すなら元気な地域が良いと思いましたし、北本市には5年後、10年後の将来的な可能性と魅力を感じさせてくれるような力がありました。

埼玉県の各所をめぐるなかで、店を開くのであれば、どこでやるかも大切ですが、誰とやるかも重要だと考えるようになりました。北本市には縁もゆかりもなく、当初は候補地ではありませんでしたが、街の様子を知るために朝から晩まで何度も足を運んでいくなかで大好きな場所になりました。孤立した状況で店を開くよりも、地域の人や近隣店舗の皆さんと顔を合わせながら営業していくことが理想的だと考えるようになり、タイミングよく物件の募集が出たのですぐに契約をしました。今では、お店を始めるという決断をして良かったと思っています。

北本市には駅から徒歩圏内で通うことができる場所に大きな新刊書店が複数店舗ありましたが、5年ほど前に全てなくなってしまいました。地元の方の話を聞いていると、本屋がなくなってしまったということに対して仕方ないという諦めの気持ちよりも、寂しいという気持ちが勝っていると感じる機会が多くありました。本屋がないという寂しさが残っているということは、本屋という場所に対して希望をもっている人や本屋を必要としている人が多くいるということだと思います。本屋がないということに対する寂しさが残っている時にお店を開くことができて良かったと思いますし、あと2、3年後にタイミングがずれていたとしたら、また異なる状況のなかで苦戦を強いられたのではないかと想像しています。お店を開くなかで地域の人にふらっと立ち寄っていただき、「本屋ができて嬉しい」という声や「楽しみにしていました」という感想をいただくことができて、日々、励みになっております。これからも足を運んでいただけるように、日々、精進していきます。

本が売れない時代に本を売ることは、厳しく、大変なことだと思っています。それでも、本屋は楽しく、やりがいのある職業だと思います。本屋は文化的なイメージが根強くあり、お金の話をすると生臭く思われてしまうかもしれませんが、本屋は立派な商いです。1冊でも多くの本を売るためにどうすれば良いかということを考えない日はないですし、本を売るためにイベントや企画などをどんどん仕掛けていこうと思っています。まだまだ本屋の仕事だけでは食べていくことはできませんが、将来的には本屋だけで生計を立てることができるくらいに成長していきたいです。道のりは果てしなく遠いですが、本屋としての誇りを持ちながら地道に少しずつ頑張ります。

大切な一冊

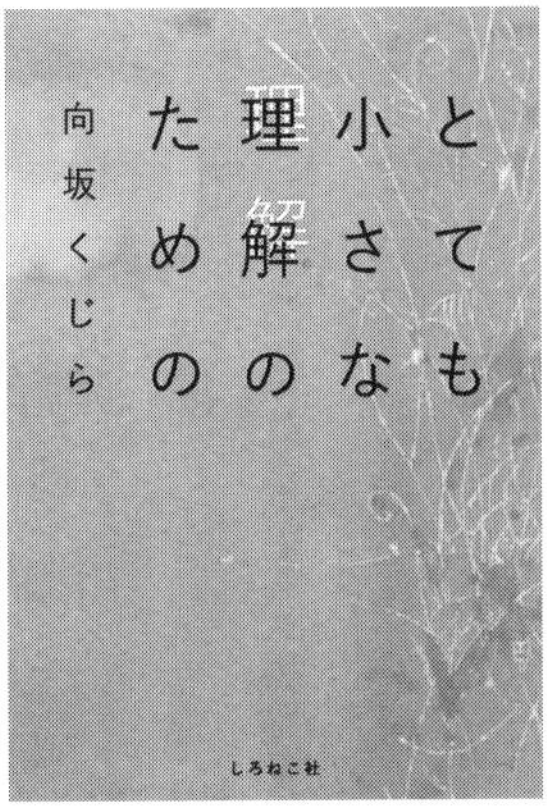

『とても小さな理解のための』（しろねこ社）
向坂くじら

日常のなかできらりと光る瞬間、喜びや苦しみ、一言では言い表すことができない感情が詩という表現を通して浮かび上がってくる。向坂くじらさんが日々のなかで感覚をつかみ、紡ぎ、詩という形にして届けてくれる言葉の数々は誰かにとっての〝小さな理解〟になるはず。大きな世界で生きていくための、小さな寄る辺になるような1冊です。

小声書房

〒364-0031　埼玉県北本市中央1-109
第2清水ショッピングセンターB-103
https://kogoeshobo.theshop.jp

［営業時間］
月・土・日 11:00-20:00
木 16:00-20:00／金 11:00-22:00

［定休日］
火・水／第一、第三木曜

Twitter: @kogoeshobo
Instagram: @kogoeshobo

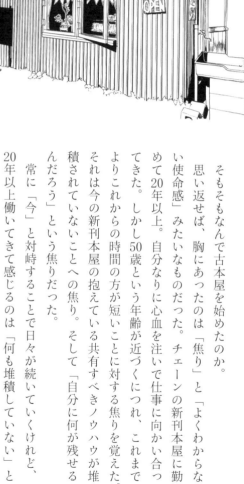

本屋という新しい旗を立てる

高田直樹
NAYABOOKS

そもそもなんで古本屋を始めたのか。

思い返せば、胸にあったのは「焦り」と「よくわからない使命感」みたいなものだった。チェーンの新刊本屋に勤めて20年以上。自分なりに心血を注いで仕事に向かい合ってきた。しかし50歳という年齢が近づくにつれ、これまでよりこれからの時間の方が短いことに対する焦りを覚えた。それは今の新刊本屋の抱えている共有すべきノウハウが堆積されていないことへの焦り。そして「自分に何が残せるんだろう」という焦りだった。

常に「今」と対峙することで日々が続いていくけれど、20年以上働いていてきて感じるのは「何も堆積していない」という思いだ。経験とか知識とか、人間の内に積もっている知恵はあるかもしれないけれど、売場に還元できる状況を上手く作れていないんじゃないか。

「誰でもできる売場運営」が最良の形のように語られ、それを実現するためのツールや教育が整えられていく。しかし、そこには「5年経験したなりの」「10年経験したなりの」経験値は堆積されにくいし、ほとんど必要とすらされていない。

それがとても寂しく、どうやって抗おうかとあれこれ画策する。けれど、結局は「無駄なこと」「本筋じゃないこと」に仕分けられてしまう。この大きな流れに抗いきれない。

「本屋が大変だ」と言われ、現場では効率化が重要課題になってきた。

「売れ筋に絞った発注をしましょう」「話題の本を並べましょう」が唯一正しいこととされる。効率よく稼ぐには確かに正しいかもしれない。無駄も少ないかもしれない。つまり効率がいいか否かで、すべきかどうかを判断していくことがほとんどなのだ。生き残りをかけた努力だけれど、どう生きて、何を残したいのかが自分の理想とは少しずれてきている。正しいとか間違いとかではなくて、隔たりがある。その距離がより鮮明になってきた。

大好きだったはずの本屋がなにか別のものになっていってしまっているような感覚が強まっていた。「これが追いかけていた姿か?・」と自問し続けている。とはいえ、サラリーマンである限り「わがまま」ばかりも言っていられない。

ならば「自分でやってみよう」と思った。副業だし、やれることは小さいかもしれないけど、何か見えるかもしれない。自分の中の何かが変わるかもしれない。何より面白そうだ。

もう一つは「よくわからない使命感」だった。

生まれ育った〝町〟は隣町と合併し今は〝市〟になっている。学校の帰りに立ち寄っていた本屋は、今は細々と文房具が並んでいるのみ。ご主人もかなりのご高齢と聞く。近所には本屋は無い状態で、子どもも大人も本を見たければ、車を15分くらいは走らせないといけない。

つまり散歩の途中とか学校や仕事の帰りにふらっと立ち寄る場所に本は置いてないのだ。50年くらい前から「読書離れ」なんて言われているが、今やほぼすべての世代が「離れ」た世代とは言える。ただ、実際に本を手に取って買う環境が全くないのは寂しい気がした。

「そりゃ余計に離れるよ」というのが正直なところだ。

だから、自転車や徒歩で立ち寄れる本屋を作りたいと思った。小さい店だけど選ばれた本が並んでいて、「これ面白いよ」なんて本について話したり、「ちょっと探しておきますよ」なんて会話ができるような本屋を。20年以上本屋をやってきて得たものを、ずっと暮らしてきた町に、そして来てくれる方々になにかの形で役立てることができたら幸せだ。当然、周りからは「こんな田舎で本屋をやって売れるのか」という声も聞こえてきた。

そんな時、少し前に映画館で観た『マイ・ブックショップ』という映画の冒頭のシーンが何度も頭に浮かんだ。それは本屋の開店を応援しながらも「俺は本は読まねぇ」と言われてしまうシーン。その度に「読まねぇ」と言われても本の楽しさを伝え続けてみよう。そして、本の世界への扉を開け続けてみようと思った。

それしか自分にはできないし、やりたいこともそれだけだ。

当初は新刊も並べた本屋も考えていたが、やはり先立つものが無かった。内装を整えて、棚を置いて、ある程度の在庫を揃えてとなると、少なくないお金が必要になる。新刊を置くとなれば、日々出てくる新刊もある程度仕入れないと鮮度が保てない。それには運転資金が必要だと思った。古本を売ってある程度の資金を貯めてから新刊も置けたらと考えた。

加えて、古本は新刊に比べて安価なものが多いことも大きかった。また「子どもに向けて本の扉を開く」こともNAYA BOOKSでやりたかった事なので、100円とか200円で本と出会える場にもなりたいという考えにも合うなと思った。

納屋の本屋、開店へ

子どもたちの受験が終わり、家を出てそれぞれに居を構えた。賑やかだった我が家がガランとした。しかし「これもタイミングかもしれない」と思った。やりたい事もやりたい形もはっきりしていた。「本を売りたい」「本屋が無いエリアで気軽に本と出会える場を作りたい」。ただ、お金だけがあんまり無かった。

ここ数年、様々な形の本屋が全国に増えていた。雑誌やSNSで、羨望とともに眺めていた。妄想だけが膨らんでいた。家族に相談し、どこか「マジか……」という空気を感じながらも動き始めた。

2021年の6月のことだった。

自宅からほど近く、いつも父が野菜を作っている畑の片隅に納屋があった。建ったのは20年以上前。ずっと鍬や耕運機や肥料なんかが雑然としまってある、色褪せた小さな納屋だった。

まずは納屋の中のものを移す小屋作りから。これは1か月くらいでできた。がらんとした納屋。あちこちに蜘蛛の巣が張り、ネズミの一家が棲みつき、雨漏りし、床もなく地面がむき出し。なかなか野性味のある空間を前に「もし誰も来てくれなくても、自分だけの図書室みたいにすればいいか……」。そんな気持ちも持ちながら、「よろしくお願いします」とお辞儀した。

仕事帰りにホームセンターに通い資材を買いそろえ、本やネットで必要な作業を調べ、あとは妄想（想像）を広げて作業を進めた。妻が図書館でＤＩＹの本を借りてきてくれた時は、本当に嬉しかった。父も工具や木材の提供、様々な面で力を貸してくれた。家族の理解・協力を得て、約４か月。納屋が本屋っぽくなった。床壁天井ができて本棚を置いただけの空間。

しかし、まだ「本屋っぽい」だった。

本は、自宅にあったもの、知り合いから譲ってもらったもの、〝せどり〟してきたものなどを用意した。夜な夜な妻と、汚れを落とし、値付けして、分類して箱に詰めていった。そして、本を並べるとまた更に本屋っぽくなった。なんだか納屋が表情をもった気がした。

店名をNAYA BOOKSとして２０２１年10月22日。小雨が降りしきる中、ＯＰＥＮ初日を迎えた。改装作業中からＳＮＳで進捗を伝え続けてきたこともあって、多くの方から

〝いいね〟や〝おめでとう〟のコメントをいただいた。妙な事を始めた妙な奴を皆さん本当にやさしく迎えてくれた。とはいえ、客足が遠のく雨天。「そんなもんだよな」と思って本を読んでいた。そんな中、ザッザッと砂利を踏む音……初めてのお客さんが来てくれた。雨の中、傘をさして。

緊張と喜びでどうしたらいいか分からない。心臓がバクバクしていた。どんな会話を交わしたかも分からないくらい緊張した、初めてのお客さん。「SNSで見ていて楽しみにしていたんです。探しちゃいました」

この言葉にどれだけ救われて、励まされたことか。

待っていてくれた。こんなちっぽけな古本屋を。

そして本もお買い上げいただいた。その後、近所のお客さんにまじって会社の仲間や上司も来てくれて、初日、二日目ともに嬉しいことが続いた。

しかし11月12月と営業を続け年末差し迫る12月23日。

明け方に身体に不調を感じ無念の休業。めまいを引き起こす持病を得てしまった。医師からは疲れやストレスなどの原因を言われ、約2週間の療養を余儀なくされた。本業と複業のバランスの難しさを思い知った。

NAYA BOOKSは自分がいないと開けられない。家族に代わりを頼むことも不可能ではないかもしれない。でも小さな店は人に属しているという思いがあり、代わりは立てられなかった。床に伏して面倒を見てもらっているくせに、それだけはなんだか譲れなかった。

予想外の反響と新たな試み

NAYA BOOKSをOPENしていつの間にか半年以上が経っていた。

この間、本当にいろいろなことがあって、自分自身や店を取り巻く環境も大きく変わった。変化に追いつくのがやっとというほどに。NAYA BOOKSをOPENして間もない頃にブックカルテさんに「一万円選書やりませんか?」とお声掛けいただいた。

ブックカルテは、選書サービスを利用したい人、選書サービスをしたい本屋をマッチングするWebサイトで、いくつかの質問に答えればそれを見て各地の本屋が本を選ぶという仕組みだ。北海道のいわた書店さんのお話などは聞いたことがあったが、まさか自分にその役割を与えてくださるなんて。調べてみると、全国の素敵な本屋が名を連ねていた。こんな中に仲間入りさせてもらえるなんて。

以降、毎月コンスタントに注文をいただき、そのたびにウンウン唸りながら本を選ばせてもらっている。ウンウン唸りながらもとても楽しい仕事。

また、チェコ共和国でWebマガジンを発行されている方から声をかけてもらって、隔月で本を2冊紹介する連載も始まった。日本国内の媒体ではなく、チェコでの連載というところがとても嬉しい。想像もしていなかったチェコデビュー。レビューを書くことも楽しみな仕事の一つになっている。

そして、2022年4月からは貸し棚も始めてみた。ミニNAYAオーナー制と銘打って4枠募ってみたところ、即完売。驚きと喜びを感じると同時に、これでいよいよ店を誰かと共有していると感じた。オーナーになってくれた皆さんに楽しんで欲しいし、売れて欲しい。

さらに7月には、シテン（支店）として近所に無人販売所も設置した。本店は、本業が休みの時にしか開けられない。月に5、6日が限界。しかも多くが変則的な時間帯で、開いていない時の方が圧倒的に多い。これでは「気軽に本を買える」とは言いにくい。

そこで、シテンを設けた。NAYA BOOKSを開けない時にもシテンだけは開けて、道行く人と本との出会いを増やせたらと思っている。天気がいい日は、畑で採れた野菜を販売するNAYA VEGETABLES（ナヤベジ）も並ぶ。現在ではコーヒーの移動販売車も来てくれるようになって、より賑やかになってきた。

NAYA BOOKSを作って、会社員とまた別の姿で社会に姿を出してみると、面白いこ

とがたくさん起きた。会社という枠からはみ出して「ここでこんなことやってるヤツいますよ」と旗を立ててみる。そして、それに興味をもってくれる人がいる。これは得難い気づき・体験となった。

子ども向けの本を置く理由

ところでNAYA BOOKSは、小説、詩、エッセイなどに加えて割と多めに子ども向けの本を並べている。店内の約三分の一は子ども向けの本。絵本や岩波少年文庫、ジュニア新書など。まだ子どものお客さんは少ないけれど、「子どもたちに本を手渡したい」気持ちは変わらない。

いずれ、子どもたちが気軽に立ち寄れる本

屋になりたい。本を買わなくてもいい。寄ってくれて、何か話をして、視界に本を入れてくれるだけでもいい。それを続けているうちにきっと気になる本に出会ってくれるんじゃないかと期待しながら、そんなには売れない子ども向けの本を並べている。

店頭では様々な事が起きる。

近所のお子さんが兄弟の誕生日プレゼントを探しに来てくれたことは、嬉しい出来事だった。おばあちゃんと時間をかけて絵本を選んで小さな手から受け取った500円玉は、ほんのり温かくてしっかり重かった。

ご家族で来てくれて、帰り間際に四葉のクローバーをくれた子のことも忘れられない。その時に言ってくれた「ありがとう」という言葉を何度も思い返して励まされている。こちらこそ本当に「ありがとう」なのに。

もちろん大人の方も来ていただいている。軽トラックで寄ってくれたおじちゃんが、「読み通せるかどうかわかんないんだけど、久しぶりに読んでみたくなったよ」と海外文学全集全50巻を買っていってくれた。

様々な出来事が、この場所で店を開いた意味を形作ってくれる。思いを確かに汲んでくれる。しんどかった記憶も喜びに変えてくれる。なかなか満足のいく品揃えにはなっていないかもしれないけれど、皆さん棚をよく見てなにかしら買って行って下さる。「もっと想像力を働かせて本を仕入れて並べないとな」と気合が入る。

畑の片隅にできた小さな古本屋

OPENから短期間で、たくさんの出来事があった。多くの出会いがあった。多くの会話が生まれ、たくさんの本を手渡すことができた。自分の暮らす町とのかかわり方が少し変わり、町に対する解像度が大きく変わった。それは、20年以上触れてきた新刊本に関しても同じ。日々何百人何千人というお客さんにたくさんの本を手渡す大きな本屋にも大きな役割がある。

一方、畑の片隅でこそ出会える本もあるかもしれない。

「次はどんな本を並べよう」「どんな事をしたら本との出会いを楽しんでもらえるだろう」と、より考えるようになった。

お客さんの事、本の事、本屋の事をあれこれ考えながら、またいつもの定位置で本を読んでいる。そしてお客さんが砂利を踏みしめて来てくれる音を待っている。

大切な一冊

『奇跡の本屋をつくりたい』（ミシマ社）
久住邦晴

とても大きなものを（勝手に）受け取らせてもらいました。長年新刊本屋に勤めているけれど、それは仕事としての関わりであって、生涯を通して本を手渡していく気持ちがあったかと言われると、どこかふらつき（逃げ？）があったかもしれない。この本を読んで、行間から立ち上がる先人の背中に叱咤され、生涯を通じて本を手渡していくことを心の真ん中に据えた。新刊、古本、本の来歴は色々あれど、いいと信じた本を一人でも多くの人に手渡していきたい。

NAYABOOKS

〒321-0526
栃木県那須烏山市田野倉39-10
Twitter: @NAYA_BOOKS
Instagram: @nayabookstakada
https://nayabooks.stores.jp
［営業時間］10:00〜16:00（営業日はSNSを確認）
［定休日］不定期

「本を動かす」ことを続けるために

下田裕之
早春書店

2019年の春、国分寺駅のそばに、小さな古本屋を開いた。34歳のときだ。店の名前は、パートナーと自分が一番好きなテレビドラマ『早春スケッチブック』にあやかって、「早春書店」と名づけた。古本以外にも、わずかだが新刊書籍も取り扱っている。おぼつかない足取りではあるけれど、開業以来どうにか楽しく営業を続けている。

古本の仕事を始める前、ぼくは新刊書店に勤める書店員だった。大学を卒業した2008年にジュンク堂書店（現・丸善ジュンク堂書店）に入社、2018年のはじめに退職したので、だいたい丸十年ほど勤めていたことになる。退職後に吉祥寺の古本屋・よみた屋で勉強させてもらい、その後前述のように自分の店を立ち上げることになった。つまり古本屋としてはぼくはまだ新人もいいところで、これまでの社会人経験のほとんどは、新刊書店員という立場で得たのだった。

そういう経歴の人間だから、「どうして新刊書店を辞めて、古本屋を始めようと思ったの？」とよく聞かれる。その理由はひとつではないので簡単には答えにくいのだけれど、「本を動かす仕事を、自分なりに続けたかったから」というのが、一番大きな理由かもしれない。

新刊書店も古本屋も、「本を動かす」ことでお金を稼ぐ仕事だ。もちろん、挙げ切れないぐらいのさまざまな要素がそこにくっついて、本屋・古本屋という商売が成立する。ただ、仕事の本質の部分、一番核の部分にあたるのはやはり、「本を動かす」という作業そのものであるはずだ。出版社から取次を通して届けられる新本であるか、お客さんから直に売ってもらった古本であるか、そうした違いはあったとしても、それらの本をお客さん＝消費者のところまで動かす作業に対して、本屋・古本屋は対価をもらう（改めて言葉にするまでもない、当たり前の話ではあるが）。

自分は単純に、本というアイテムがエンドユーザーの手に渡る小売の場や状況が好きなのだ。人が「何か面白い本はないかな」と店に立ち寄り、掘り出し物を見つけて買い込んで、ホクホクと帰路に就くような光景そのものを愛している（自分自身がそういう営みを拠りどころにして生きてきたからだ）。それを成立させるために「本を動かす」ことを生業にしたいと思ってきたし、これからもできればそうやって生きていきたい。そしてぼくの場合は、そういう仕事を今後も「自分なりに」続けるための方法が、小さな店を自分で立ち上げる選択だった、ということだ。

そもそも出版界・書店界はいま現在、これまでにない大きな岐路に立たされている。よりシリアスな論点になってくるのは恐らく、巨大な商売と微小な商売の極端な二分化の問題だろう。例えば近年の取次業におけるトーハン・日販の寡占化進行と、その裏側でのインディーズ的な小規模取次業者の活動の活発化は、そういう二分化を象徴する光景であるように思える。そうした状況のなかで自らの資質をどう生かせるか、それぞれの人間が改めて自己を問い直さざるを得なくなっていくはずだ。そしてもちろん、マクロとミクロのどちらの領域においてもポジティブな行動が必要であるわけで、ぼくの場合は恐らく今後は微小な方向に向かった方が、せめても自分の資質を生かせる気がしたのだ。

これからの本屋の価値とは

言うまでもなく、本というメディアは、戦後の日本社会においても重要な情報インフラだった。本を流通させる回路としての取次、そして消費者に販売する回路としての書店は、いわゆる文芸的な読書体験にとどまらず、受験勉強対策だったり、料理のレシピだったり、楽器の弾き方だったり、世界情勢についてのニュースだったり、電車の時刻表だったり、とにかくそうしたさまざまな情報を市民に開いていく社会的な装置として、極めて重要な役割を果たしてきた。そしてそういうインフラとしての本の立ち位置は間違いなく、インターネットの普及以降猛スピードで崩れていっている。情報を集めたいとき、人は本屋に駆け込むのではなく、スマートフォンをタップしてウェブ検索する（もはや検索エンジンを使うことすらなく、ＡＩチャットに質問するだけかもしれない）。ニュースもレシピも楽器の弾き方も、その精度にさえ目をつぶれば、ウェブ上にいくらでも転がっている。情報インフラとしてのお株を、本はネットに完全に奪われつつある。この流れが今後再び元に戻ることは絶対にないだろう。

ぼくが新刊書店に勤めた十年間はまさしく、インフラとしてのネット環境が世界を覆っていく時代としてあった。スマートフォン、SNS、サブスクリプション・サービス、電子マネー、フリマアプリ、ウーバーイーツ、などなどなど。挙げていったらキリがない。情報だけでなく生活そのもののインフラとして、インターネットは機能するようになっていった。ぼくは労働者としては、そういう時代における新刊書店しか知らない。そういう時代に苦境に立たされながら、悪戦苦闘する小売業としての新刊書店しか知らない。それでもぼくが働いていた書店チェーンには能力も情熱も持った人間が沢山いて（ぼく自身はまったく出来の良くない書店員でしかなかった）、みんななんとか工夫しながら、新刊書店という事業をポジティブな形で継続できるよう努力していた。そしてもちろん、その努力はいま現在も続けられている。

しかし、かつてのような情報インフラとしての本屋の価値が甦ることはないと考えるならば、本屋という装置のどの部分を今後延長させていくのか、そしてそのためにはどのような質の努力が必要になるのかを、改めて検討しなければいけない。

先述したマクロとミクロの二分化構図を前提にして考えてみる。まず、巨大な商売としての本屋の発展可能性はどこにあるか。現状を見る限り、自由市場において本屋業の全体規模が今後再拡大していくことは、残念ながら恐らく無いだろう。そこでひとつの可能性として、都市計画や公共事業と重ね合わせるような形＝官民連携事業的な形での大型書店ビジネスという方向があり得る。国や行政と連携して、図書館が地域社会に対して果たしてきた機能（ちなみにジュンク堂が掲げてきた経営理念は、「図書館よりも図書館らしい」本屋づくりである）も参照しつつ、公共的なグランドデザインのなかで本屋という装置を改めて意識的に構成し直していく。そういう事業展開は、理念的には成立し得ると思う。もちろんそこには強い危うさもある。癒着・汚職や、政治権力による事業内容への介入・圧力を拒絶する意志が、言うまでもなく必要になる。ただ、確度の高い情報源としての本の購入手段を市民が確保できる状況、つまりそれを必要とする人々のところに「本を動かす」ための状況を広く維持することそのものは、社会運営上今後もやはり必要だと思う。そうした状況維持を市場原理のみに委ねてしまうことにも、また別の危険性はある。

　しかし既にいくつかの実例が生まれていることから見ても、官民連携的な書店事業が今後さまざまに試みられること自体は、恐らく不可避なのではないか。そうであるならそこに向かう前に、本屋という仕事が社会において担っている公共的な責任、民主主義社会を支える装置のひとつとしてある責任を改めて自覚し、自律的なコンセンサスを業界のなかで形作っていく努力がまず必要なのではないだろうか。トップダウンの官僚的な企画に陥ることなく、現場にいる書店員の側が舵を取れる環境づくりも極めて重要だと思う。これからの展開についての鳥瞰的な地図・大きな図面をボトムアップ的なプロセスで「設計」していくような努力が求められるだろう。市民のためにこそ広く大きく展開されていく本屋の形というもの自体は、これからもまだ在り得るはずだ。

　それでは微小な商売としての本屋の発展と展開は、どのようなものになるか。これはもう単純な話で、ミニマムでありインディペンデントであり、かつ持続可能な小商いとしての本屋業の成立を目指すことになるだろう。マス・インフラとしての機能とはまったく別の水位（かつては「街の本屋さん」ですら、マス・インフラの一部だったわけだ）で、本屋という装置の魅力を再構成していく。そしてそこで核になるのは、先述した「人が「何か面白い本はないかな」と店に立ち寄り、掘り出し物を見つけて買い込んで、ホクホクと帰路に就く」ような側面であるとぼくは思う。生活における必要情報を供給する社会インフラとしてではなく、微小でアトランダムな消費の欲望や、人々が個人的な街歩き・回遊を行う際の中継点としての価値に、照準を絞っていく。言わば、「無くてもすぐには困らないもの」としての本屋の価値の中心を取り出して、それを培養していくようなイメージだ。巨大な形での（再）発展のために必要なのが大きなシステムの「設計」であるとしたら、微小な形での展開において必要なのは、個々人の小さな欲望に逐一対応するような「可変性」を、本屋として体現し続けることだろう。そして「可変性」を柔軟に高めるためにはむしろ、小回りの利く小さなサイズの方が都合良いところがある。

巨大なものと微小なものは、どちらかに優位性があるわけではないと思う。果たす役割がそれぞれにあり、どちらも必要だ。あとはそれぞれ自分がどちらの方向に身を投じるかを判断するしかないし、人によって向いている在り方もバラバラだと思う。ぼくの場合は、巨大な状況の「設計」に参加していくことよりも、小さな場で「可変性」を体現して生きていくことの方が、自分に向いているのではないかと思ったのだ。

小さな店に必要な覚悟

微小な場で「可変性」に身を晒しながら「本を動かす」場合も、その「可変性」を左右するのは言うまでもなく、消費者側の欲望である。本屋側の欲望ではない。消費者＝店に立ち寄ってくれるお客さんの欲望に向き合いながら、自らの振る舞いや在り方をどんどん流動的に変えていく。自分なりの最低限の管理規定（例えば、ヘイト本は扱わないなど）を決めたあとは、そういう「可変性」にひたすら身を委ねていくような覚悟がないと、小さな店を続けることは難しいのではないだろうか。つまるところ、街のなかで小さな店をやっていくというのは、その地域のなかに潜在する無数の小さな欲望と逐一付き合っていく、ということなのだと思う。そこにあるのは鳥瞰的なグランド・デザインで対応できるような大状況ではなく、地べたに潜む細かな欲望によく目を凝らす必要のある、小状況だ。

そして古本屋の仕事のなかには、こちらからお客さんに向けて「本を動かす」だけでなく、お客さんがこちらに向けて「本を動かす」＝買取のプロセスもある。新刊書店は本来は（取次側による配本ベースではなく）意志的に発注を行わなければいけない＝商品構成そのものを「設計」しなければいけない業務であるのに対して、古本屋は仕入そのものをある意味でアンコントローラブルな状況のなかで行わなければならず、より「可変性」のある対応が求められる。地域のなかで古本屋をやっていくことの面白さは、こうして売り買い両面から強く「可変性」に晒され続けるところにこそあると思う。極小規模の新刊書店をやる場合にも、こうした古本屋の「可変性」は、参考になる部分が大きいのではないだろうか。ぼく自身、そうやって古本屋として「本を動かす」ことの面白さを、日々学んでいるところである。

と、ここまでエラそうに色々と書いてしまったが、ぼくが今後も毎日続けなければいけないのは、こういうゴタクを並べることよりまず先に、立ち寄ったお客さんがホクホクと楽しい気持ちになってくれるような古本屋になれるよう努力することだ。その為に必死に頑張っていくつもりなので、気が向いたら、どうぞフラッと早春書店に遊びに来てみてください。

3

中部・関西

持続できる本屋を妄想する

TOUTEN BOOKSTORE
古賀詩穂子

「TOUTEN BOOKSTORE」は2021年1月に名古屋市に開業した新刊本屋だ。2階建ての長屋の一角で、1階が本屋、2階にはカフェ席とギャラリーがあり、現在一人で経営している。

私は新卒で出版取次に入社し、名古屋支店にある書店営業の部署へ配属となった。仕事の日も休みの日も本屋に行くようにした。毎日膨大な量の本が出版されるなか、入荷する本を売場に合わせて品出しをしていく、有機的で属人的とも言える本屋の空間に魅了され、1年もすると本屋なしではいられない人間となった。本屋に集まる人もまた、棚と会話するようにそれぞれの世界に没入し、他人との程よい距離感に居心地の良さを感じていた。

一方で本屋は年々減っていき、現場では属人性よりも効率性が求められる場面も多々あった。もっと本屋で本を買う人が増えたら、もっと本屋で働く人に余裕ができるのに。そう思うようになった。「本屋で働きたい」と思ったのは、持続できる本屋とはどのようなものか知りたくなったこと、本屋に行く人を増やす仕事をしたいと思ったことがきっかけだ。出版の中心・東京で働きたいと思い、かもめブックスを運営している鷗来堂へ転職・上京し、本にまつわる企画・運営を行うチームで働かせてもらうことになった。ここでも日々、本屋や空間の良いお店を求めて歩き回った。

個人で開業したのは、その頃個人の新刊本屋がどんどん増えていた一方で、名古屋ではほとんどそういう話を聞かなかったので「地元・名古屋で早くそういう場を増やしたい」と思ったこと、会社員生活を6年続け、会社に属するよりも自分で開業する方が向いていそうだと思ったからだ。

複合型本屋を選んだ理由

開業準備を始めたのは2020年の退職後、名古屋に戻ってからだ。当初はお金を貯め

てから開業をしようと思っていたが、3ヶ月経たないうちに良い物件に出会う機会があった。東京で働いていた時期に、「本屋に行きたくなるフリーマガジン」というコンセプトで『読点magazine、』という冊子を個人で発行していて、その冊子がきっかけで新聞社の取材を受けることになった。その記者さんも名古屋にUターンしたばかりで意気投合、その流れで「さかさま不動産」というサービスを立ち上げた人を紹介してくれた。「さかさま不動産」とは「場所を借りたい人」がサイト上に記事をアップし、大家さん側が「貸したい人」にアプローチするという、逆発想の不動産サービスだ。掲載してすぐ、今の物件の大家さんから連絡が来た。その頃は本屋を作る妄想をするために、賃貸サイトを見ることが習慣になっていたのだが、たまたま前日にチェックしていて、「良さそうだけど家賃が高い」からスルーしていた物件だった。実際に物件を見てみると、

かなり古く、工事の必要があったものの、それゆえ家賃も相場より安く、またお店のイメージが具体的に湧いたので心が惹かれた。大家さんの人柄の良さも大きい。物件は水物と聞いていたので、急いで公庫に申込をし、お金を借りることができたので開業を決めた。そこから補助金を申請して、クラウドファンディングで寄付を募り、物件契約から半年ほどでオープンした。

今だから言えることだが、工事費用は当初考えていたよりも大きくかかり、それゆえ初期投資の負担が大きかった。当店は公庫から融資を受け7年間の返済リスクがあり、家賃がほぼ倍かかるほどの金額で、毎月返せるかというプレッシャーがある。だからお金を借りてまでも開業することが正解だったのか、もっと貯金をしてから動いた方がよかったのか、はたまたイベント出店から始めるなどスモールスタートを切った方がよかったのか、たまに考えることがあるが答えは出ない。そういった時に思い出すのは、当初は開業に否定的だった慎重なパートナーが「良い車一台買うくらいの借金と考えたらなんとかなるんじゃない?」と言ってくれたことだ。始める人は始めるし、始まったらあとはやるのみで、始めない後悔より始める後悔を取った結果が今だと思う。しかし、始めてから後悔したことは今のところ一度もない。

開業して3年目、お店を個人でやっていてよかったなと思うのは、小さな経済循環の気持ち良さがある。本を売ったり、場所代をもらったり、コーヒーを提供したり。手元にあるお金がどこから来たのかすべてわかる。そうして手元にあるお金で次の仕入れをしたり、応援しているローカルのお店にお金を落としたりする。目に見える経済活動は、思っていたよりも気持ちの良いものだった。

また叫びそうになるくらい「本屋をやってよかった！」と思ったのは、応援している作家さんに会えること、販売することで応援できるということだ。漫画と文学のリトルプレス『ランバーロール』の展示の際、設営に安永知澄さん、森泉岳士さん、おくやまゆかさん、ササキエイコさん、鶴谷香央理さん、ひうち棚さん、古山フウさんが来てくれた。大好きな作家さんたちが当店で集まるのを見て、パワースポットのように感じられた。お客さんとの出会いの場を作れることだけでなく、作り手の思いを聞くことでお客さんへ伝えることの幅が広がるのもお店ならではのできることだ。

他にも、仕事は本とその周辺であること、自分で選べること、お客さんと生活の話や本の話ができること、仕事上の人間関係に悩むことがほとんどないのも良い。

もちろん売上に悩まされたり、自分で判断するしかない状況に疲れたりすることはあるため、すべてが良いとは言い切れない。皮肉にも、大きな資本主義の流れから脱したかったはずが、一番の悩みのタネがお金になってしまうことが多い。粗利益の低さには憤りす

ら覚えることもある。『読点magazine、』で行なった、ある街の本屋店主へのインタビューでは「本屋はやめた方がいい」と、何度もはっきり言われたけれど、「本屋をやりたい私」は「それでもやる」と繰り返していた。だが、本屋の店売のみで生計を立てていくのはやはり難しい。大手取次からの本の仕入れは一般的に7掛あるいは8掛で月に100万円売上げても手元には22万円しか残らず、そこから家賃、人件費、消耗品費、水道光熱費などを支払うのは厳しい。現在の経費を考えると、感覚的には、7掛になったらやりやすくなる。（本の仕入れの選択肢についてはＮＨＫ出版の『これからの本屋読本』がおすすめ。当店もあらゆる方法を組み合わせている）

当店では、粗利益の高い業種との複合型を選んだ。コーヒーとビールが飲めるようにして、イベントや場所貸しもできるようにした。ただ、「飲食の利益が高いから」という理由だけでそうしたわけではない。気軽に利用してもらうためにカフェカウンターを作りたかったこと、駅から少し離れた立地であるため長く滞在できるようにしたかったこと、本を買ってその場で読書ができるという生活の中のちょっとした安らぎの場所にしたかったこと、あとは私自身がコーヒーとビールが好きということ。毎日接するものだから、好きと思えるかどうかは大事なポイントだ。コーヒーは、クオリティ、そしてお店作り全てにおいて尊敬し信頼している名古屋のロースタリーから仕入れている。

何にでも化ける本屋

お店を続けていく方法、利益をどの部分で作っていくかは人の数だけあり、主の収入がありながら本屋をやるとか、出版をしながら本屋をやるとか、チームでリスク分散して本屋をやるとか、それは「なぜ本屋をするのか」という理由に立ち返ってくるものだと思う。私が本屋をやる理由は、「本屋が街に必要な存在である」と思っているからだ。それは「街の本屋」への憧れでもあるし、私自身が本屋という場所に救われていた経験があるからだが、「何もなくても行ける場所」や「知的好奇心を回復させる場所」、「行くだけで社会とつながれる気になれる場所」はなかなかないと思う。クラウドファンディングの文章でも書いていたが、「ふらっと立ち寄ることができて、店内をウロウロしているうちに自然と機嫌が良くなれる場所になりたい」とずっと思っている。だれにとっても開いた本屋として、利益を確保していくことを考えている。

また、「どこでやるのか」も大事なことだ。私は、コインランドリーのある本屋をしたいと思っていた。今もたまに妄想している。洗濯物の微妙に長い待ち時間は本屋と相性が良い。タオルがふわふわになって手元に戻ってくる幸福感を味わえるのに、場所全体が幸福感に満ちているランドリーはあまり見つからない。数年前、ポートランドのコインランドリーを見に行った時にはカフェやゲームセンター（のようなスペース）と一緒になっているところもあった。コインランドリーが生活の一部にあり、そこで過ごす時間の豊かさを感じた。もしも物件が工事費用が低い場所で、一人暮らしの多いエリアだったら、もしくは予算が潤沢にあったら、そうしていたかもしれない。本屋は何にでも化ける業種なので、どこで、かつどんな物件でやるか、というのも大きなポイントである。

当店のロゴは、何年先になっても新鮮に感じる、でもどこか懐かしいようなデザインにしてもらった。色使いやふわふわした形は見慣れないロゴデザインだが、フォント自体はクラシックなものを使っている。「ふるきをたずねて新しきを知る」をコンセプトに、遠目の雰囲気でもわかるロゴにしてほしいと言って作ってもらった。このロゴは宝物だ。お店を構成していく一つ一つは、人がつくるものだ。また同じお店でも、だれがお店に立つのかで変わっていく。歳をとるにつれ、自分のお店もゆっくり変化していくだろう。一口に「本屋をやりたい」と言っても、アウトプットの形はそれぞれ異なってくる。どんな場所で、どういう規模で、どのような仕組みで本屋を始めて、どんな風に変化していくのだろうか。考えるだけでも楽しいので、本屋好きの人にはどんどん妄想していってほしい。

大切な一冊

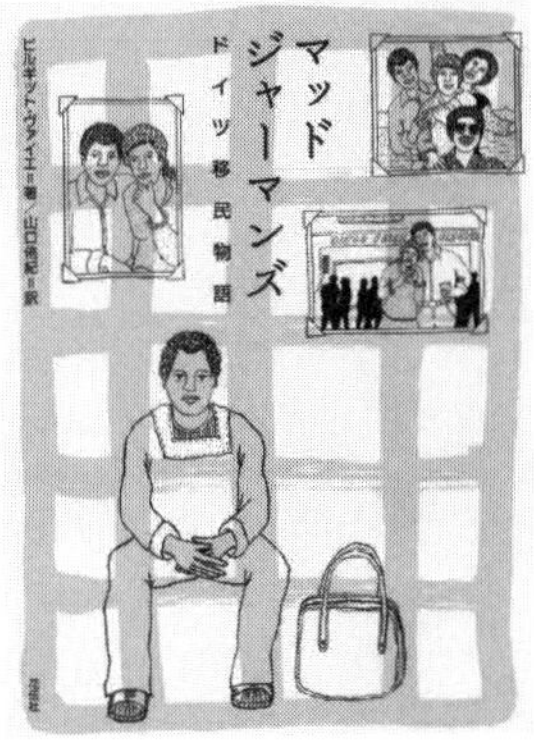

『マッドジャーマンズ - ドイツ移民物語』
ビルギット・ヴァイエ／山口侑紀・訳（花伝社）

この本を読んで、海外コミックの棚を作ろうと思いました。モザンビークから労働力として東ドイツに渡った移民の人たちの証言をもとに、架空の3人の人生を描いたグラフィック・ノベル。故郷や国とは何なのか。社会に翻弄される個々人の語りに合わせて描かれた絵の力も大きいです。時代や場所を飛び越えて今を生きる私たちの心に問いを残す、売り続けたい一冊です。

TOUTEN BOOKSTORE

〒456-0012
愛知県名古屋市熱田区沢上1-6-9
https://touten-bookstore.net
［営業時間］
月曜日～木曜日 8:30～18:00
金曜日 8:30～21:00　土曜日、祝日 10:00～18:00
［定休日］日曜定休
Twittr: @toutenbookstore
Instagram: @touten_bookstore

商店街の本屋だから出来ること

本のお店スタントン
田中利裕

当店は大阪を代表する商店街・駒川商店街の路地に店舗を構える新刊と古本を扱う本屋です。

以前はその商店街に面してあった中規模新刊書店で雇われ店長として十数年勤めていました。

2018年の夏、その書店の廃業が突然決定しました。その数年前から近隣の老舗書店が閉店する話を来店客から聞くことが増えました。

「自宅の近所から書店がなくなり、ようやく探して辿り着いた」など。

その書店も廃業となると、商店街周辺どころかこの街(区)から新刊書店が姿を消すことになります。

もちろん交通機関を利用しさえすれば、主要駅前にはショッピングモールが軒を連ね、各モールには大型書店が林立して本屋も選び放題です。交通費を使いたくなければ今なら「ネットで買うたらええやん」という話ですが、地元で暮らすお年寄りや子どもたちにとってはそうもいきません。商店街を普段使いしている地元民にとっては、ショッピングモール同様に商店街も一巡りすれば、衣・食・住のほとんどを買い揃えることが出来ます。商店街の良いところは、自分の目で見て・触れて店主にアドバイスを貰いながら買い物が出来るところです。ネットのお買い物からはこぼれ落ちてしまうような発見がそこには有ります。

「商店街に本屋を残したい」と思ったきっかけのひとつは、やはりこれまで店頭でやりとりした常連のお客様との場を残すため、そして自分の働く場所を確保するためでした。そしてもう一つは地元の人々にとっての徒歩・自転車圏内に「本屋」があり「本」に触れてもらえる環境をつくること、「本」を生活の一部にしてもらうことがコンセプトとなりました。

本に直に触れてもらう重要な対象としてはやはり子どもたちです。前の書店から定期的におはなし会を開催してきたこともあり、親子連れで気軽に利用してもらえる本屋を目指しました。

また絵本や児童書は、本の大きさや厚み、仕掛けなど実際に触れてみないとネットでは分かり得ない魅力が詰まっています。本を本屋で手に取る醍醐味は絵本にこそあるかもしれません。

店舗物件は敷居の低い路面店で探していたところ、以前からお世話になっている商店街の方々にもご協力をいただいたおかげで、前の書店にほど近い路地にある現在の物件が見つかり、即決しました。

静かな本屋ではなくて

「商店街から本屋が無くなった」という印象が広まるまえに、前の書店の後片づけと新店舗の準備・告知を同時に進めながら２０１８年11月「本」のお店 スタントンをオープンしました。

店舗名の「スタントン」は開店の前年に他界したアメリカの映画俳優ハリー・ディーン・スタントン（代表作は「パリ、テキサス」など）からでしたが、音の響きの良さから深い意味もなくネーミングしました。Ｈ・Ｄ・スタントン自身が映画、音楽、文学などのカルチャー全般に精通していたこと、映画出演作が多いながらもその多くが脇役であったこと

花に水
bande à part
ELIS regina
へいわとせんそう
AKIRA
この棚の洋書　全品表示価格の半額
↓ 名作文学シリーズ エコバッグ（Mサイズ）　150円 ↓
People Tree

（＝「本」は多くの人にとって人生の主役ではない）など、お店を始めてみてから、命名の由来は後付けされていきました。

「本」の中には文化（カルチャー）のすべてが含まれています。日々の暮らしを支える生活必需品が揃う商店街の一画で「本＝文化」を紹介することで生活への彩りやヒントを持ち帰ってもらいたい思いから、児童書と実用書のほか美術書、文芸（日本＆海外）、人文、フェミニズム、サブカルなどの小流通の最新刊から古本までを取り扱うことにしました。

また、日本でもコロナが本格的に蔓延しつつある頃より、書店内の小スペースを多目的ギャラリーとして開放し始めました。主に出版物の販促を兼ねた原画展や関連書籍、グッズの販売を一ヶ月ペースで行なっています。

現時点で最大の集客となったのは『90歳セツの新聞ちぎり絵』（里山社）の原画展で、新聞にも取り上げられ、他府県からもたくさんの方にご来場いただきました。わざわざ遠方からお越しいただいた方には「商店街も楽しんで帰ってください」とお声かけするように心がけています。

自分のお店を持って、大・中規模書店のチェーンストアに勤めているときと大きく変化した部分はお客様との距離が近くなったことです。お互いの顔やキャラクターを認めた上で、本のお話やその他の文化的・政治的な話題やそれぞれの人生観にまで触れるような会話を交わすことが多くなりました。

そんなお客様の中には仕事や家事、お勉強や人間関係などから少し距離を置きたくて、賑やかな商店街を離脱してひと気のない路地に入り込んだとき、当店を発見される方も少なくないようです。

とはいえ「静かな本屋」のイメージでご来店されると裏切られるかもしれません。絵本を読み聞かせる親子、会話しながら店内を物色するママ友たち、待ち合わせを兼ねてふらりと来店するカップル、休憩がてら店主（私）と世間話に来たご常連の方との喋り声など、人によっては「うるさい本屋」として敬遠されているかもしれません。

加えて、邪魔にならない程度に（かといって少しは主張する程度に）店内BGMも季節や天候に合わせて日替わりで選ぶようにしています。そのせいか本のことよりも音楽の質問をされることも増えました。

新刊の品揃えについては自身が好きなこともありますがカルチャーとしての本（文芸&絵本）、アート、映画、音楽など紹介したい作品や広く知ってほしい作家の著作が中心になります。

ある程度セレクトした新刊に対して、古本は主に店頭買取分を販売しています。児童書や芸術書、文庫本などのジャンルに絞りながらも、古本の品揃えは自由度が高く、新旧の想定外の銘柄が入荷してきます。それらは店内商品の遊び心とスパイスとして、お客様には雑貨感覚で気軽にお買い物してもらえるアイテムとして機能しているようです。

本は「本屋へ行く→本を選ぶ→本を開く」と自分から能動的にならないと触れられない情報メディアです。速さが求められる現代において、本は遅くて面倒臭いメディアでしょう。

その中で賞味期限の長い定番絵本のほか、普段の生活速度では見落としてしまいそうな本や作家に焦点を当てるような品揃えを心がけるようになりました。

実店舗としての本屋にわざわざ来てもらう限りは、手ぶらでは帰ってほしくないという思いも強くあります。ＴＶやスマホから自動的に提供される情報やニュースだけでは知り

得ない「紙メディア」に直に触れてもらい、モノとしてまたは情報としても何かひとつお持ち帰りしてもらえることも情報発信地としての本屋の役割だと考えています。

紙メディアに触れる体験を

「地域に本屋を残す」「本屋のある商店街を」の思いで開店からの4年あまりを過ごしてきましたが、新刊書店として存続させるための課題はさまざまにあります。今のままのセレクトショップで良いのか？　小規模ながらも総合書店が求められているのでは？　新刊と古本の割合はこのままで良いのか？など。

本屋を続けていく上で、こだわりたいのは「実店舗がある」ということ。

郊外の田舎暮らしをしていた幼少期の自分自身を振り返ってみて、自転車でしばらくの距離にあった本屋は大事な情報源の場であり、他業種のお店と違って目的がなくても出入り出来る自由な空間でした。そこで自分の関心があるジャンルの棚に行き、立ち読みや物色をしながら、他にもたくさんのコーナーごとにジャンル分けされた本に取り囲まれているのを常に意識していました。

関心のないジャンルや知らない分野のことも見るともなく目に触れることは本屋という空間ではあたりまえです。

お店に出向かなくても買い物が出来るネット書店や通販はとても便利ですが、「検索ワード」など調べる目的がなければ本を探すことも出来ず、キーワードに該当する以外の物事が目に入ることもありません。

利便性や合理性、実用性や即効性だけを求めるのではない、書物でしか味わうことのできない体験を「実店舗としての本屋」でしか得られない体験とともに、どれだけ今の子どもも世代の記憶に刻むことが出来るか。未来の読者を生み出す意味でも「本のお店」でありたいと思うのです。

大切な一冊

『ぼくがゆびをぱちんとならして、きみがおとなになるまえの詩集』（福音館書店）

斎藤倫 文／高野文子 画

「おー！よくきたね」というおっさんの声につられて、少年はおっさんである「ぼく」の家に寄ってはことばを交わします。様々な詩人の残した「詩」を教わり、少年は感情や知識を多くの「ことば」から学んで成長します。「ぼく」は読者も詩の世界へ誘います。扉をあける→ことばに触れる→新しい物事に出会う。「本」を読む体験そのものを描いたような一冊です。

本のお店スタントン

〒546-0043
大阪府大阪市東住吉区駒川5-14-13
TEL 06-6694-5268

［営業時間］11:00～19:00
［定休日］火曜日、第一・第三月曜定休
Twitter: @BooksStanton
Instagram: @books_stanton

夢は、一生本屋を続けること。

本は人生のおやつです!!

坂上友紀

明確に「本屋になりたい!」と思ったのは二十八歳のときで、実際に始めたのは三十一歳のときでした。思えば本屋を志す前の一年間は、急転直下な出来事が次から次へと目まぐるしく起こった一年でした。

二十七歳になった頃の話です。当時は大阪のデザイン会社に勤めて、主にコピーライティング業に携わっていました。そこでの大きな挫折。人間関係にも疲れ果て、逃げるように会社を辞めたのが、いま思うにはじまりです。幕開けだったー!

心機一転、異業種に転職するも直後に親が急死。四十九日が明けたかと思えば、転職したばかりの店(本屋にあらず）が業績不振で閉店！　ほんの僅かな間に職も家族も失って、抜け殻のようになった自分だけが残りました。

ぽつんと生きているのが辛い。けれど誰にも会いたくない。その頃の自分のライフラインとは、「食べ物」よりもいっそ「本」だったぐらいです。

何ヶ月経っても状況は変わらず。見かねた伯母が「このままではあかん！」と連れ出した先が、当時神戸大丸で開催していた写真家・星野道夫さんの「星のような物語展」でした。

久々の外の世界。しかもアラスカ（写真ですが）！　言葉が、景色が、胸に頭にわんわんと響いてきて、すぐにアラスカへの移住を決意しました。

きっかけは写真展でしたが、本を読むあいだに少しずつ底力が溜まっていたのかもしれません。なかでも二十歳の頃にタイトル買いをした水木しげるさんの『ほんまにオレはアホやろか』の影響は、このような状況であっても甚大でした。いついかなる状態にあっても「自分次第で人生バラ色！」を実践する水木サン的なたくましい生き方に、本来憧れを抱くような我が身です。

とにかくその日、風船が弾けるような勢いで「アラスカーッ！」となりすぐに渡航。アンカレッジの旅行代理店で面接を受けました。

このとき何事もなくアラスカに移住していれば、本屋になることもなかったかもしれません。が、そうは問屋が卸さなかった……！

日本に戻って合格の連絡を受け、いよいよ移り住む準備をしていた最中のこと。両親亡きあとの親代わりであった母方の伯母二人が、ほぼ同時に脳溢血に！

わたしの人生なのでそれでもアラスカに行くという選択肢もありました。けれど、人と人とであるからにはすべからくして絶対にいつか別れが訪れるもの。ならばいまは日本にいたいと強く感じ、移住はやめました。

目まぐるしく過ぎた一年間

「移住を断念」から「本屋になりたい！」に至るまでにやったことがあります。それは「一枚ベスト」の実践でした。「一枚ベスト」とは、尊敬していたかつての勤め先の顧問・佐藤満さん（ＶＷやＧＭ等の日本支社長を歴任！）が、著書『壁を破る発想法』（日経ＢＰ）のなかに書かれていたことでした。自分自身が何か問題に直面したとして、そもそも何が問題なのかすらわからない場合、どのように「問題の本質」を見つければよいのか。その「実際的な手段」として説かれていた方法です。「一枚の紙に問題点をつづり俯瞰的に見返せば、実は同じことを違う言葉で書いているだけだとわかる。問題は三つくらいに絞れるから、それを解決せよ!」みたいなことでした。(ポイントは一枚を埋め尽くすまで書くこと。ただし、一度に一枚以上は書かないこと)

その応用編として、「自分の好きなこと、やりたいこと」でA4の紙を埋め尽くすのが日課となりました。

水木しげるさんのように愉快にシアワセに生きるには、中途半端に好きなことでは絶対にだめです。「とにかく好きなことを一生懸命。」ただそれだけで生きていきたいならば、まずは相当好きなことを見つけなければ続かない。

来る日も来る日も好きなことを書き続けるうちに、どうもわたしの好きなことは「本」に関することのような気がしてきました。「言葉」とか「文字」とか「紙」とか、なんせ「一枚ベスト」のなかで、本の存在がちらつくのです。

とはいえ、「作る側」なのか「売る側」なのか。いったい本とどう関わっていきたいのかも、好きであり続けるためにはだいぶ重要なことだったので、「できないことはしない&できることを伸ばす方向で!」と書き続けた結果、ようやく「本屋」にたどり着きました。

わたしは本屋になりたい! 読んで良かった本を多くの人に伝えられるような本屋がい

い。

次に店名を決めました。自分は本をどのように捉えているのか。本は人生の……ごはん？

しかし主食のように本を読み漁っていた少し前の自分を振り返ってみれば、それはそれで結構、不健康?! 人にとっての「主食」はやっぱり「人」であってほしい。さりとて、好きな人にはなくてはならないもの。……等々の理由から、本は「人生のおやつ」だ！となりました。

「そのまま店名にしよう」と、「本は人生のおやつです」にしましたが、なんだかちょっとさみしい気がしました。元気よくゆこうと「！」を加え、景気づけにもう一つ「！」を加えて、「本は人生のおやつです!!」が誕生です☆

そして、取次さんや書店オーナーさんなどに話を聞きに行きました。が、みなみな「悪いことは言わないから、自分で本屋をするのはやめておけ」。

折角見つけた夢が速攻で却下されたため相当ショックを受けましたが、確かに実情を聞けば聞くほど、なんの経験もない自分が食べていける気がしないのも事実。好きなことについてはしこたま考えたけれども、経営となると勉強すらしたことがないため不安しかない！

ならば本屋で働けないだろうかと探したところ、アルバイトの募集がたくさん見つかりました。悩んだ末、そのなかで一番忙しそうな書店で働き始めることに。二十八歳になった頃の話です。

二十七から二十八歳までのこの一年間が、実に目まぐるしかった……！

もう自分でやるしかない

念願の書店の仕事は想像以上に楽しく、瞬くうちに二年ほどが経ちましたが、アルバイトなので生活が成り立たない。それでもやっぱり本屋しかないと実感していたある日、とある書店の正社員募集を知りました。

採用されたのを幸いと職場を移り、これで安泰と喜んでいたら、またもや落とし穴です。その店は、棚に対する売上ノルマを達成したかどうかに関係なく、現場の人間が店に置く本を一冊たりとも選べないシステムでした。そのやり方が正しいとか正しくないという話ではなく、自分が本屋になりたいそもそもの理由が満たされないため、苦しい職場となりました。本屋で働いているのに幸せを感じない。むしろこのままでは本屋が嫌いになってしまうかも！

もしも本屋になりたいという気持ちがなくなれば、またあの抜け殻人生に戻るのかと想像するだけでオソロシク、結果として三ヶ月を待たずに退職しました。

本屋になりたい理由が「読んで良かった本を売りたい」であることが、それほどおかしな話だとは思いません。それでも雇ってもらう身でやりたいように働くというのも虫のいい話かなと考えたのと、客観的に自分の経歴を振り返ってみたら、もうどこにも雇ってもらえる気がしなかった。ここにきてようやく、「自分でやるしかない」と腹を括ることができました。

古本屋では働いたことがなかったので、新刊書店をしたいと思いました。けれど、新刊書店にせよ古本屋にせよ、本屋の開業にあたり実際に役立つ「How to」が書いてある本は、探せども全く見つかりませんでした。

とはいえ、以前「やめとけ」と忠告してくれた方たちに再度話を聞くのも憚られる。できたことといえば、「店舗開業」に役立ちそうなビジネス書を読むことだけでした。

すると、ひたすら読み続けるうちに転機が到来！　ある日、とある書店の棚で遠藤功さんの『未来のスケッチ』（あさ出版）が光り輝いているように見えました。すぐさま買って読み、その本に書いてあるごとく「自分の理想の本屋」を図（スケッチ）にすることに。

本棚やレジの位置からコンセントの数といったことも図にあらわして、置きたい本のリストを作り、立地条件や店の広さ、敷金礼金・家賃の上限についてなど、考えついたことは一旦ぜんぶ書き出してみました。

結果として曖昧な部分が少なくなり、「できること」と「できないこと」がクリアになって、ついに「いまできる本屋のかたち」が見えてきたのです……！

閉店の危機を救った電話の主

様々あって「新刊書店→新刊（直取）＋古本（お客さまからの買取）＋雑貨（卸しと直取）の店」にシフトチェンジ！　それにより物件を探す場所も神戸の栄町から大阪の中崎町に変更。そして中崎町での物件探しの初日、最初に内覧したところに入居が決定！「できること」を軸に動いたら、流れるように事が進みました。勤め先を辞めたのが二〇一〇年の二月で、「本おや」を始めたのが二〇一〇年の八月なので、半年の間に一気に事が進みました。

一つ大きな誤算だったのは、想定よりだいぶ狭い物件に決めたため、置ける本の数が相当少なくなってしまったこと。ゆえに中崎町の店のときには毎月「詩集」や「民俗学」とテーマを決めて、月に一回レイアウトとジャンルをまるごと入れかえる形にしていました。「一度入れると決めた新刊は、絶版になるまで入れ続ける」という現在のスタイルは、中崎町から堂島に移転したあとからの話です。

中崎町には二年程いました。堂島へ移ったのは予期せぬ理由からでした。結果としてよい場所になりました。が、「堂島に移転するぞ！」と思ってしたわけではなかったので、同じ大阪市内でも街のカラーや立地条件の違いから、最初のうちは全くうまくいかなくて心が折れるような日々が続きました。

これだけ始めたくて始めた本屋でしたが、その頃に三度、閉店を覚悟したことがあります。しかし、その三度ともをミラクルなタイミングで今は亡き青空書房の坂本健一さんに助けてもらいました。

移転後、来る日も来る日も売上どころか来客すらない日が続きました。「もうこれ、ほんまに無理や！」と強烈に思った瞬間が二回ありました。身体の全ての細胞が「ほんまに、無理!!」と叫んだその瞬間に、鳴り響いたベルの音。青空書房さんからの「元気にやっとるかー?」というお電話でした。今思い出してもちょっとありえないタイミングで、「店はな、辛抱の連続やから頑張り」なんておっしゃられる。

「頑張らねば!」と決意を新たにするのですが、同じような日々が続き、またもや絶望の瞬間が……やってきたところに、これまた絶妙なタイミングでの、青空書房さんからのお電話です!　二回目は思わず隠しカメラを探してしまいました(もちろんなかった)が、こんなミラクルが二度もあるとは!　と驚きました。

驚きながらも、本当に頑張らねば!　と強く思いましたが、やはり如何ともし難い日々の連続のなか、どんどんと心がすり減っていきました。誰かに求められたのではなく、自分でやりたくて始めた店です。だからこそ、お客さまがお越しくださらないことには、そもそもの存在意義すら見出せなかった。ついに「明日、お客さまが来ても来なくても、朝から晩まで笑顔で店を開けて、店を畳もう」と決めました。

まんじりともしないままに夜が明け、店に行きポストを開けました。まさかの青空書房さんからの絵葉書です!　だいだい色のほおずきの絵と、その横にひと言、「明るく、明日に、向かって」。

それ以来、どんなことが起こっても本屋をやめようとは思わなくなりました。

そんなこんなで開店から五年目を過ぎたあたりから、「終の店舗」兼住居となるような物件を探し始めました。なかなか見つかりませんでしたが、店が十二年目を迎える今年、ようやく念願叶って兵庫県の朝来市に引っ越すことに。

夢は、この場所で一生本屋を続けること。そして、場所があり出会ってゆく人たちと、本の話をしたり、ときには本の話をしなくても、楽しい時間を共有できたら嬉しいです。また、そうして出会った人たちに「読んで良かった！」と思ってもらえるような本を伝えていくことができれば、これ以上の幸せはありません。

大切な一冊

『ほんまにオレはアホやろか』（講談社文庫）

水木しげる

既にして我が道をゆく幼少期から、押しも押されもせぬ「大（Oh！）・水木しげる（＝めちゃすごい漫画家というか存在、の意！）」となるまでのヒストリーが描かれた自伝的エッセイ。そろそろ教科書に載ればよい！と心から思うわけですが、いかなる時にも発揮されるその尋常ならざる生命力に、大抵のことは「なんとかなる！」と勇気と希望がもらえます☆

本は人生のおやつです!!

〒669-5103
兵庫県朝来市山東町矢名瀬町689
TEL 079-660-7472
https://honoya.tumblr.com
Instagram: @hon.oya
［営業時間］10:00～18:00
［定休日］水・木・金曜日

本屋好きオカンの逆襲

高橋万寿子
本屋ともひさし

京都の玄関口である京都駅の近くで、京町屋（町家）の店の間を使った本屋が、「本屋ともひさし」です。２０２１年10月２日にオープンしました。自宅兼店舗で営業しております。「ともひさし」という屋号から「ともひささんですか？」と男性と勘違いされることが多いですが、私は65歳を超えた孫もいるおばあちゃんです。

屋号の「ともひさし」にはいろいろな意味を込めています。

「友久《ともひさ》し」友と久しく本屋で会おう。本を鎹《かすがい》に楽しもう。

「灯寿《ともひさし》」本という小さな灯でお客さまを寿ぎ（言祝ぎ）たい。

「共庇《ともひさし》」雨が降ったら共に庇に入って雨宿り。止まない雨はない。

3．11と運命の「本屋講座」

2011年3月11日、私は埼玉県の上尾駅構内で東日本大震災を経験しました。歩けない程に地面が大きく揺れ、吹き抜けのエントランスの2階部分に掲げられた、何枚もの大きな看板が、今にも落下しそうな恐ろしい光景でした。

けれど、その後に東北地方を襲った大津波や、原子力発電所のメルトダウンのことなどを知るにつけ、「被災した」などとは、口が裂けても言えないと思いました。その後、計画停電がはじまり、当時勤めていた総合結婚式場の仕事が次々とキャンセルになり、私自身も厳しい状況に追い込まれました。

大地震の直後、さいたま新都心駅にある、さいたまスーパーアリーナは、福島県双葉町をはじめ様々な場所で被災された方々の避難所になりました。いつもは楽しいコンサート等が催される場所で、一時的にせよ固い床の上に段ボールを敷いて、避難生活を強いられている報道を見るにつけ、何とかならないか?何か私にできないか?と居ても立ってもいられない気持ちになりました。

そしてスーパーアリーナでボランティアができるようになった時、被災者のなかでも、特に子どもたちに元気がないのが気になりました。光がない、暗闇のような目をしていました。その時、私は自分の無力さに深く打ちのめされました。何をしてあげたらいいかわからない。けれど、携えて行った絵本の読み聞かせをしていたら、笑ってくれたのです。救われたのは、私の方でした。本の、絵本の力の凄さを深く実感した出来事でした。

さいたまスーパーアリーナが、何事もなかったようにコンサート等が催されるようになってからも、私は、さいたま新都心のけやきひろばや案内ボランティアの詰所内で、月に一度のペースで絵本の「おはなし会」を開催するようになりました。京都にUターンするまで仲間と一緒に6年間ほど続けました。

より良い選書をするために、メンバーでいろんな勉強会に参加しました。その中に「JPIC読みきかせサポーター講習会」がありました。これは1000円あまりの講習料で現役の絵本作家から講義が受けられるという、私にとって〝ドンピシャな〟講習会の内容でした。可能な限り通いつめ、その流れで「JPIC読書アドバイザー養成講座」を受講。そこで講師のお一人だった内沼晋太郎さんとの運命的な出会いがありました。

『本の逆襲』（朝日出版社）という内沼晋太郎さんの著書をベースにした講義で、私は「ブ

ビリビリが
ぎょうさん
ぎょうさん
救世主か？バケモノか？
夜の木
世界のはじまり
夜を歩く
ウマと
話すための
胎動
神の影
メンフクロウ

ック・コーディネーター」や「広義の意味の本」等々の言葉を初めて知りました。これまで「本」や「本屋」に対して抱いていたイメージが、どんどん覆されていく、まさに〝目から鱗〟の体験の連続でした。

そして、内沼晋太郎さんが開かれている「これからの本屋講座」を知り、即座に「これやん！」と思いました。

私は、本屋勤めの経験も図書館勤めの経験も、全くありません。さらに「これからの本屋講座」では、もちろん最年長組。レポートを送信するのも四苦八苦でしたが、何とか7期生を修了しました。私のような〝オバチャン〟を疎んじずに、一緒に学んでくださった受講生の皆さんと、フォローしてくださったHさんのおかげで、なんとか最後までやりきることができました。

同期の受講生には、三軒茶屋の「キャッツミャウブックス」さんや、盛岡の「pono books」さんがいました。また、その時のスタッフのお一人は、三重の「本屋・散策舎」さんでした。

たいへんな落ちこぼれ受講生の私でしたが、内沼さんの「これからの本屋講座」で同じ目標を持つ仲間と知り合えたことは、私にとって「本屋になることを諦めない」芯のようなものになっていたと思います。

まず企画という名の「妄想」を共有し、自分の「妄想」もブラッシュアップしていく。楽しい講習期間でした。「JPIC読書アドバイザー養成講座」期間中にも、内沼さんのお店である下北沢の「本屋B&B」をはじめ、たくさんの本屋に足を運びましたが、「これからの本屋講座」の受講中には、時間があればより多くの本屋をめぐる「本屋行脚」が当たり前になりました。

そうです。私は「本」も好きだけど、「本屋」はもっと好きだということを、本屋講座を通して、ハッキリと自覚するようになりました。そしてこの「本屋行脚」は、今でも「本屋ともひさし」を運営する上での大きな財産です。

切実で〝必死のパッチ〟な現実

「ともひさし」の店舗は、京町屋（町家）ならではの「鰻の寝床」で、玄関からすぐ「店の間」になっています。私の実家でもあり、2019年末までは「神職装束店」として、神社に納める品物を取り扱う小売店を、100年間ほど営んでいました。

二代目店主である父の高齢に伴い、装束店廃業がカウントダウンに入ったとき、「店の間」が閉じてしまえば実家の町屋（町家）は「死んだ家」になる、という危機感がありました。実際、店の間の奥の方は物置と化しており、陳列棚の床板は白蟻にやられてミルフィーユ状態、電気配線も古い「ガイシ」を使っていたため漏電の危険性が高い……と惨憺たる有り様でした。

まずはゴミを整理しまくりました。畳が見えないほどうず高くつまれた、商品ともゴミとも判別しがたい「モノ」の山。埃。煤。白蟻にやられて床が落ちかけた陳列棚はじめ、奥の間の上がり框もひどい状態に。そして、二階の押し入れの床には、長年、重たすぎるものを置いたままだったため、大きく凹み壁との間にできた穴が。それはさながらアニメ「トムとジェリー」の〝ジェリーのおうち〟の様でした。

毎日が壮絶な闘いでしたが、ここで踏ん張らなければ、実家がゴミ屋敷と成り果てる！という強烈な現実がありました……しかもコロナ禍、業者にお願いするまでの下準備は、誰の力も借りられない孤独な闘いでした。

しかし、その闘いも暗礁に乗り上げるときが来ました。その原因は、売り物にならない装束店の残品が多すぎることでした。当たり前ですが、お得意先は全て「本物の神社」さまです。滅多な処分の仕方はできません。

そんな進退極まったとき、神さまが助けてくださいました。賀茂神社さまが寄贈をお受けくださったのです。神職の装束をジーパンにはきかえて、颯爽と2トントラックとともも

に現れた神主さまが、本物の神さまに見えたのは言うまでもありません！

やっとこさフラットな状態になった建物の、床工事、電気工事から入って畳替えをし、何とか店舗として使える状態にしました。神社に納める商品が並んでいた陳列棚は、今は本棚兼ギャラリーになっています。徐々に本を増やし、最近ではだいぶ「本屋の本棚」らしくなりました。

店の間の続きは、町家の台所「火袋」になっていますが、そちらもピクチャーレールと照明を足して、「火袋ギャラリー」としました。２０２２年には絵本作家こしだミカさんが、釧路の雄大な自然と根室の人々を描いた作品『ねむろんろん』（こしだミカ・絵／村中李衣・文　新日本出版社）のパネル展を開催しました。

本棚は、絵本が多めですが、絵本以外の本も徐々に増えています。築１００年を優に超える京町屋（町家）の備え付け陳列棚を本棚にした空間には、是非並べて販売したかった、インドの独立系出版社「タラブックス」の本の種類も増えました。お客さまがお子さま連れとか、少しでもお時間のある方だと、紙芝居や、絵本の読み聞かせが始まったりする愉快な本屋です(笑)。

コロナ禍で営業はなかなかままなりませんが、お客さまとの「距離」を近く保って何か面白いことを企んで行きたいという気持ちは、常に持っています。店舗兼自宅で、親の在宅介護もしながらの営業ですので、日にちと時間が短く限られますが、「朝活営業」としてほぼ毎日、朝の一時間ほど店を開けています。また、「月読《つくよみ》営業」として通常営業の終わったあとに単発で営業したりもしています。

いずれにしても、私一人ではやることに限界がありますが、本好きの仲間の皆さんと一緒に、面白いことを企んでいけたらいいなと思っています。

大切な一冊

『夜の木』
シャーム／バーイー／ウルヴェーティ
青木恵都 訳（第11刷　タラブックス／日本語版発行・タムラ堂）

表紙は、ウルヴェーティが描く「木の創造」の場面。淡い桃色だった「木の創造」の場面が表紙になって、たわわに実る黄金の稲穂を思わせる美しさを醸し出しています。一生大切にしてくださる方だけに店頭で販売させていただきます。

本屋ともひさし

〒600-8177
京都府京都市下京区烏丸通五条下る大坂町405
［営業日］火、金、土、日と、ときどき水曜日
［営業時間］11:00～16:00
［定休日］木曜日　月、水曜は不定休
※営業日・営業時間は今後大幅変更の可能性がございます。
Twitter: @tomohisashi_B

日本のバイク文化に貢献できる本屋でありたい

本と、珈琲と、ときどきバイク。
庄田祐一

珍しいコンセプトだと自分でも思う。かといって直接的なバイク関連本を多く扱っているわけではなく、むしろだいぶ少なめ。店主の僕自身が「その本の先にバイクが見えるかどうか」という独自の感性による視点で選書した本を多く扱っているというのがポイント。そんな一般的には理解されにくいかつ、ともすれば自分の価値観を押し付けることにもなりかねない、こだわりの強い本屋をはじめたのには、確固たる意志とバイクへの思いがあるからだ。全く儲からないし、立地条件も悪い。常に経営難な三坪程度の零細本屋を、脱サラしてまでやるその意味を、有り難いことにこの場を頂いたので、少し言語化してみたいと思う。

本屋を開業してからというもの、取材やお客さんなどに、「なぜ本屋をはじめられたんですか？　本がお好きなんですか？」という類の質問をされることが多い。僕はその時の答えとして、

「バイクと出合うのに最適だと思ったから本屋という場所を創りました」

と答えている。

　僕は今までに本屋で働いたこともなければ、本屋でのアルバイト経験もない。出版業界ともまるで縁はない。前職は某大手バイクメーカーのプロダクトデザイナーという非常に珍しい仕事。十一年務めたのち退職した。完全なる異業種からの挑戦である。

　僕は本とか本屋とか以前に、バイクに対して並々ならぬ思いがある。語るには長くなり過ぎるので省くけれど、バイクには人生を豊かに過ごす人間らしい営みのヒントが多く詰まっていると信じて止まない。そしてなにより美しい。バイク自体もそうだし、バイクを通した体験そのものについても。そんなバイクの魅力を広く優しく伝える場所を創りたかったのだ。

　日本のバイク文化のこれからに対して自分に何ができるのかをひたすら自問自答する日々を経て会社を退職する意志を固めた。結局、退社するまでに三年間ほど費やすことになったが、次なる業種を考えていく中で、大きな組織の中や資本力のある中でのクリエイ

ティブは、チームプレーによる様々な弊害があることを身をもって痛感していたこともあり、なるべくピュアに自身の思いや感性、美意識が色濃く反映されやすい一人でできる独立した職種を選びたかった。そして今までずっと研鑽し続けていた「バイクというモノづくり」は当然一人ではできないので、それを手放す代わりに「人とバイクとを繋ぐ場所というコトづくり」に焦点を当てようと思い立ったのだ。この日本には、バイクと出合う場所やきっかけが圧倒的に少ないことに可能性を感じ、掘り下げてみようと考えた。

今でこそ、ソロキャンプブームやゆるキャン、スーパーカブといった媒体で新たな楽しみ方が受け入れられつつあるが、まだまだ足りないと思う。もっと皆に開かれたバイクと出合える優しい場所が必要であり、従来のバイクイメージを一旦払拭させ、非日常ではなく日常にバイクが寄り添えるような、各々が主体的に想像力をくすぐられた先にバイクが見えてくるような、婉曲的ではあるけれど、その過程を豊かに楽しめ、その体験すらも糧として大切にできるような、さらには人間性すらも培えるような、そんな創造性豊かな場所を創ろうと思った。

「本屋」だと辿り着いたのが、退社の二ヶ月前のこと。本屋であれば、僕自身のバイクへの熱量とクリエイティブへの熱量とを両立させたまま持続できると思ったし、持続させることで宿る「文化の美しさ」をも大切にできると感じた。さらには斜陽産業ということもあり、本屋文化を守りたい思いと、あまり人が手を出しにくい分野というのも魅力。そしてなにより、他の業種ではなかなか培いにくい、皆に開かれていてかつ、「主体性や様々な感性が育てられる」という、人に寄り添える点が本屋の唯一無二の大きな魅力だと思った。そうやってわずか半年ほどで築き上げたのが当店「本と、珈琲と、ときどきバイク。」である。

バイクのことを知らない人たちに向けて、誰でも気軽にはじめられる本との対話から、その出合いのきっかけを提供する場というのがこの本屋の本懐。僕はその背中をそっと押せる存在でありたい。それと同時に、バイクと出合わずとも、本屋を通して人を育む場所として、または憩いの場所として、機能させたかったという思いもある。決してバイク好きの同志たちの集いの場を創りたいわけではなく、むしろその逆。バイクのことを知らない人たちに向けて、女性でも、子どもでも、大人しい性格でも、運動神経が悪くても、勉強好きな人でも、メカに疎くても、ヤンチャしなくても……バイクというのは皆に開かれていて、いかに美しく、文化的な乗り物かということを様々な視点から遠回しに優しく伝えようとしている場所が当店である。バイクに乗ってどう遊ぶかなんてのは、二の次三の次であって、乗った先に各々が楽しめばいい。まず出合うきっかけのハードルを少しでも下げ、その美しさを広く伝えることを最重要視している。

バイクとの出合いは本だった

さきほど斜陽産業である「本屋文化を守りたい」とも述べたが、何を隠そう僕自身もバイクとの出合いは本からだった。それも振り返ってみて改めて気づいたのだが。今も昔も僕はどうやら本屋が好きということである。子どもの頃、待ち合わせや暇つぶしはもちろん、何かに悩んだり考え事をするときは決まって本屋に通っていた記憶がある。本屋と別の本屋をハシゴすることもよくあった。様々な本と向き合う自分の時間は、今思えば人格形成に大きく影響したと言っても過言ではないと思う。僕が「バイク」という自分の進むべき道を見つけたように。

今ではその頃通っていた本屋は全て閉店しているという現実は切ないけれど、全くの無意識であるが、自らの本屋体験に加え、本屋というものの意義を大切にしたいというのには、この原体験があるからなのかもしれない。僕は読書家でもないので、本についてはそう多くは語れないものの、本屋という場所の豊かさについては肌で感じ取れていたと言えるのだろうか。

POP ROCK
プロジェクト
2021 SPRING vol.00
プレ創刊号
バイカー春秋

そうやって自らのバイクへの思いと、本屋文化を守りたい思い、そして人の未来への可能性に寄与したいという思いから、「バイクと出合うための本屋」というかたちで、自問自答していた各ピースの欠片たちが、キレイにピタリと全てのピースが嵌った感覚を得たのである。

ここで信陽堂という出版社から刊行中の永井宏『愉快のしるし』と長谷川ちえ『三春タイムズ』の二冊を簡単に紹介したい。バイクこそ出てこないものの、どちらもエッセイのような詩のような、日記のようでいて、暮らしそのもののようでもあるという、まるで言葉や文章が頭に入る前に肌に沁み込んでいくような感覚を味わえる体験。実に好奇心や想像力、創造力などの身体性を全身で感じながら、言葉の美しさも同時に感じられるとても豊かな本。決して派手さはないけれど、五感を全て拓いて日々の暮らしを丁寧に紡いだ言葉集となっている。いつもポケットに忍ばせたい本である。装丁の美しさについても内容と過不足ない静かで上品な作りとなっている点にも注目したい。装丁と内容がしっかりと噛み合ったとても美しい本としてオススメさせていただく。

僕はこの二冊を読んだ時、「言葉」の大切さに改めて気づかされた。何気ない日常ですら一言文章にするだけで、その日が鮮やかに彩られること、記憶に残ること、場所であれば行ってみたくなるし、食べ物であれば食べてみたくなる。その日、自身が何を感じたのかを綴るという誰でもできるクリエイティブこそが、大切な一日となり、それら全てが想像力であり創造力であると学んだ。そして自分の言葉で綴ったものが蓄積されるだけで、一つのアート作品となるという日々の視点に大きく感銘を受けた。直接的にはバイクは出てこないものの、まさにこれらの本の先に、想像力の向こう側に、僕の瞳にはバイクのある光景が鮮明に映っているのである。

自宅の敷地内ではじめた本屋

コロナ禍だとか本が売れない時代だとか、時代を踏まえると完全に勝算のない無謀な挑戦なのは重々承知の上。それでも僕が今、必要だと思ったし、未来に向けて「ずっと続けられる・続けたい」そして「続けることで生まれる文化」の美しさを信じたいからこそ一歩を踏み出すことにした。ずっと我慢し続けた会社員時代だっただけに、もう無意味かつ理不尽に我慢したくなかった。自分が美しいと思うことを信じてやりきってみようと、その覚悟だけを子どもの頃から持ち続けて、前職と業種は全く異なるけれど、自分のバイクへの思いは全くブレることなく、クリエイティブという点では地続きな本屋という場所が新たな挑戦先にもってこいだと僕は判断し選択したのだ。

そうやって比較的急ピッチで本屋開業準備をしたため、お店はどうしても予算の都合で、三坪ほどと最小に。立地も通り沿いではなく、少し内側に入った自宅の敷地内でしかはじめられなかった。それでも奇跡的に大取次と契約を結べたことが幸いし、仕入れられる本のラインナップとしてはほぼ制限がない。小さいながら本屋としての機能はしっかりと備えていることは強みの一つ。そしてこのお店の規模の小ささが、より一冊一冊を際立たせることにも一役買っている。もちろん、僕自身が一冊ずつ選書しているので、読んだことがない本だとしても、その思い入れは強い。その結果、自身の思いとその選書された本同士とが、あるテーマ性で結びつき、カテゴライズしやすくなる。全く異なる内容の本同士だとしても、その深層では「思考の糸」が、ある共通項で複雑に絡みつい

ていることが多い。僕はその共通項を見出し、目に見えない糸をたどってほぐし、繋げていくという意味での選書に、とてもやりがいやクリエイティブを感じるようになった。

ただ店頭に置いてある本はこれだけこだわりが強いぶん、あまり説明をしないようにしている。細かく説明してしまうと、お客さんにとっては窮屈に感じたり、感受性の入る余地がなくなる神経質な本屋になってしまうと思ったからだ。なるべくお客さんの感じるまま思うままに自分と向き合う中で本と出合ってほしい。かたや通販サイトも運営しているが、そちらでは数冊のセット販売をしていて、こちらに関しては、あるテーマをしっかりと立てて、お客さんにとって選びやすいようにしている点が特徴。具体的な僕の思考までは、これも説明しすぎないよう心がけている。様々なテーマがあるが、どれも僕の感覚において、各テーマのその先にバイクが見えるかどうかという視点で構成しているつもりである。

「この本屋でこの本と出合ったからバイクに乗りました」というお客さんが十年後に一人現れるかどうかといった極めてマイノリティかつ壮大な一大プロジェクトだと思う。目標は五十年後に日本のバイク普及率三割。ちなみに現在は一割程度。二輪免許取得者こそ三割程度と多いものの、バイクに乗り続けている人は圧倒的に少ない。この数字を底上げしようと言うのだから途方もない夢である。それでも一日一日この本屋という場所をコツコツと積み上げた先に、目標に少しでも近づけたらと思っている。微力ながら、日本のバイク文化に貢献できる本屋でありたい。

非常に不便で効率が悪く、アナログかつ無駄の塊であり、現代社会の求めるものとは正反対であるはずのバイクと本。その未来を自分なりの目で見つめ続けた先、大きなお世話と言われればそれまでだし、誰も求めてないかもしれない、それでも人間らしい豊かな営みを持つ両者を失わせずにその魅力を伝え続けることに、目に見えない人と物の美しさが宿ると信じている。

当店を通してバイクと出合ってほしいし、その先は世界へ羽ばたける感性を培ってほしい。そして、疲れたり悩んだりしたら一度戻ってきてオアシスや止まり木としての役目を果たせる、そんな本屋になれることを目指しているが、それには僕自身の人間的成長が一番欠かせない。まるでワインさながら、成熟してこそ味の深みが出るはずと思いながら、まだ味が若い本屋の挑戦は始まったばかりだ。

大切な一冊

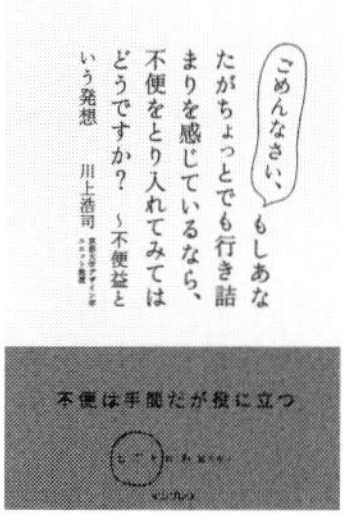

『ごめんなさい、もしあなたがちょっとでも行き詰まりを感じているなら、不便をとり入れてみてはどうですか？ 〜不便益という発想』 川上浩司（インプレス）

『舟を編む』 三浦しをん（光文社）

一冊と言いつつ二冊ご紹介。内容の異なる二冊ですが、強い結節点を両者に感じました。僕が自身と対話する中で「何が知りたくて何が必要なのか」と切り口を模索・思考する最中、その問いに応えてくれた二冊。「バイクとは何か」「言語化の重要性」の根源に気づかせてくれ、「本屋をやる！」と結論づける大きなきっかけとなった本です。前者の本について。バイクは不便の塊。そんなあらゆる不便の良さを上手に分析し、言語化できているその着眼点に目からウロコな一冊。不便こそが現代の豊かさのカギ。後者の本について。辞書というモノづくりを通して描かれる人間ドラマ。決して派手ではないけれど、人の美しさがどこに宿るのかに気づかせてくれ、言葉の重みが感じられる、感受性溢れる一冊。僕もそんな美しい人間になりたい。

本と、珈琲と、ときどきバイク。

〒436-0224 静岡県掛川市富部150-7
TEL 080-6364-1872
https://enrich-moto.com
［営業時間］平日 11:00〜15:30　土日祝 11:00〜20:00
［定休日］水、木
Twitter @ENRICH_BY_MOTO
Instagram: @hon_co_ba

持続可能な本屋を商うために

すずきたけし

本を売ることはとても楽しい。

本屋にとって本を売ることは本を手渡すことであり、その営みを中心に波紋のように文化やコミュニティが広がっていく。ああ、なんとすばらしいことなのだろうか。

しかしこれから本屋を始めたいと考えている人にとって、商売としての本屋を考えている人はどれくらいいるのだろうか。いま本屋を開業しようとする理由が、「読書文化の存続」「地域文化への貢献」などへの答えとして語られることが多い。しかし本屋の必要性、存在意義それ自体が一人歩きし、単なる「本屋語り」で上滑りしていないだろうか。

「本屋語り」で、ついつい忘れがちなものがある。それは、本屋を営むには、まずは本を売って生活ができなければならないということである。書店主は本を売ってお金を稼ぎ、人並みの生活をしなければならないのである。

筆者自身、本屋を立ち上げる際には「コンセプト」という言葉が常に頭にまとわりつき、これから出店する地域とともに一〇年二〇年、そして五〇年と続いていく本屋という営みとの違和感を常に持ち続けていた。

本屋が増えていくことは嬉しいが、それ以上に本屋が長く続いてほしいことを願っている身として、まずは本屋を始める前に、知っておいて欲しいことを書いておこうと思う。

本屋の売上はどこからくるか

「給料は本を買ってくれるお客様からしか入ってこない」

これは筆者が現役時代に何度も聞かされた言葉である。自分の給料は会社から支払われているが、その原資は本を買ってくれたお客様の代金から成り立っているのだ。

そこではじめに本屋の売上はどのように作られているか、数字を例に簡単に説明しよう。

例えば新刊を扱う小さな本屋をやりたいと思い立ち、十五坪ほどのお店を開いたとする（もちろん本屋を開業するにあたって出版取次と契約したり、出版社から直接本を仕入れるなど取引先は様々で、保証金や初期在庫費用や店舗改装などの開業資金が必要になってくる）。

十五坪の本屋を五〇〇万円（約五〇〇〇冊）の在庫で開業する。するとこの時点で在庫金額からすでに月の売上の予測が立ってしまう。本屋の年商は商品回転率（商品が年間何回売れるか）によっておおよそがわかり、出版取次の資料によると八〇坪の以下の書店の回転数は雑誌が約八回転、コミックが約四回転、書籍では一回転からどんなによくても二回転である。本の分類全体の平均でも商品回転率は二回転ほどのため、在庫五〇〇万円で始めた本屋は年間に在庫が二回売れて（二回転）年商は約一〇〇〇万円、月商にして約八十三万円、日商約二七六〇〇円という売上がこの時点で予測できる。またこれらを逆算していけば、月商百万円を目標に設定した場合の初期在庫金額の目安も見えてくる。ちなみに上記に挙げた数字は現状での本屋の経営環境からすれば「売れている」という楽観した見方での予測である。

また売上がそのまま利益ではない。出版取次（問屋）からの新刊本の仕入れは本体価格の約八割（通常は一律ではなく、雑誌、コミック、書籍など形態で変わり、また出版社別に違う）で、販売金額から仕入れ原価を引いた約二割が手元に残る。月商八十三万円の場合、その二割、十六万六〇〇〇円が粗利である。ここから月々の家賃、人件費、光熱費、そのほか諸経費、そして仕入れ代金を払っていくことになる。

では売上の内訳はというと、それは二種類しかない。客数と客一人あたりの買い上げ単価（客単価）のふたつである。ロードサイドや郊外店舗の本屋であれば客単価平均一五〇〇円前後、駅ターミナルや商業施設内（インショップ）で一〇〇〇円前後だろう。仮に客単価が一五〇〇円だとすると、十五坪で月商八十三万円のお店では月の購入客数（月商÷客単価）は約五五三人となる。一日にすると購入する客数は約十八人ほどである（客数にはレジを通過する購入客数と入店する来店客数がある）。

売上を上げる方法

本の売上を上げる方法は、客単価を上げるか、客数を増やす方法しかない。

客単価を上げる方法はふたつある。ひとつめは取り扱う本の定価を上げる方法。一〇〇〇円以下の本の取り扱いを極力避け、二〇〇〇円以上の本をメインに品揃えする。しかしこれは品揃えを自ら縛ることにもなり現実的ではない。おすすめなのは一人あたりの買い上げ点数を増やすこと。一人が一冊より二冊、三冊買ってもらうようにする。これはすでに多くの本屋で行われていて、フェアや同一テーマでコーナー展開することで関連書などを「ついで買い」してもらうように工夫している。また独自のPOPなどで手に取らせる工夫もある。また棚自体が関連書で作られる「文脈棚」という陳列もいまでは一般的である。こうすることで一人が数冊買うことで客単価は上げることができる。

そして客数を増やす方法だが、実はこれがとても難しい（簡単であれば本屋はいまでも苦労していないのだが）。最も効果的な方法は人口の多い地域、そのなかでも人が集まる地域に出店することだろう。例えば駅から徒歩十分の物件で賃料が十万円と、同じ坪数ながら駅前で賃料三〇万円の物件があったとすれば、月五〇〇人の客数の前者よりも賃料はあがるものの、月二〇〇〇人以上の客数が見込める後者のほうが良い場合もある。これから出店を考える場合、まず第一に来店客数が多く見込める「商圏」を考えることが重要である。車の利用が多い地方ではロードサイドの立地を選ぶことになるが、車だからといってどこでも良いわけでなく、そこにも人々が日常の習慣として日頃移動に使用している場所である「生活動線」を見定める必要がある。通勤に使われる主要幹線道路では、朝と夕方で出勤時と退勤時での車線の違いなど時間帯による混雑の状況も知っておくとよいだろう（朝から多くの車が通る車線沿いでも、午前中の通勤時では客数は見込めず、逆に反対車線沿いに店を構えたほうが帰宅客の車が増え、夕方の来店が見込める）。

客数を増やすもう一つの方法はブランディングである。これはコンセプトからセルフプロデュース、イベントやサービスなどで自店のファンを作ることである。いまでは開業までにブランディングは始まっており、準備の模様などを共有することでファンを作る動きも多い。時間はかかるものの、ブランディングが確立すると来店することそれ自体が目的となり、遠方からも人が訪れることになる。もちろん店づくりにおいて他店との差別化や、現在では本屋を営む「物語（ナラティブ）」が必要になるため簡単ではないが、現在の本屋開業では重要な手法である。

本の利益とは

本屋を始めたい人からよく、「一年目はトントンでいいと思ってる」という言葉を聞く。そう言って本屋を始めて三年目に「本は儲からないね」という言葉とともに店を畳むことを考え始める。せっかく本屋をやるからには一年目から利益がでるようにやれることはすべてやっておいたほうがいい。

なぜなら本を売って利益を出すことはとても難しいことだからだ。

本を売るといくら儲かるのか?新刊書店の場合、先に述べたように取次から一〇〇〇円の本を仕入れて売れた場合、仕入れ代金を差し引くと(条件にもよるが)だいたい二〇〇円が儲けになる(返品ができる委託条件の場合)。一方、返品ができない出版社からの直接仕入れや、買い取り(買切)条件の取次などから仕入れた場合では三〇〇円前後の儲けになる。利益がでるなら委託よりも買い取り条件で仕入れたほうがいいじゃないかと思うが、そこが本という商材の難しいところなのである。まず本は本屋での値引き販売はできない。本は文化・教養の普及を理由に全国どこでも同一価格での購入を可能とするため、出版社が「定価」を決めることができる再販制度があるためだ。そこで、返品が可能な委託仕入れでは仕入れた本と店頭の売れ残った本の入換えができることで在庫の新陳代謝が可能となる。また仕入れ代金を返品によって相殺できる。一方、買い切り商品は販売ができれば利益がでるが、売れなければそれは在庫のままとなり、文具や雑貨のように割引して販売して現金化することも難しい。数年経っても店頭の在庫が変わり映えしないものになる可能性がある。買い切りの本の仕入れは流行や話題の本を仕入れによる集客が難しくなる。しかし、品揃えを工夫することで店独自の「物語」が発信でき、また書店主の個性を前面に出した店づくりなどブランディングでファンを獲得することができる。

また本の仕入れや買われ方から、この「本」という商材の特殊な事情が見えてくる。本とは常に一人が一冊しか買わない商材なのである。同じ人が同じ本を二冊買うことはほとんどない。ある文庫を十冊仕入れたとして、それを売り切るまでに購入客が十人必要なのである。これが文具ならどうか。一種類のノートを十冊仕入れたとして、売り切るまでに必要な購入客は最低でも一人いればいいのである。つまり本という商品は来店客数と同程度かそれ以上をカバーする在庫数を用意する必要がある。真の薄利多売とは本屋のためにある言葉なのである。

本屋で利益を出すために

本屋で利益を出すにはどうしたらよいか。「そんなことわかっていたら本屋は減ってない」し、わかっていたら筆者も本屋を始めていただろう。

現在、本屋では文具や雑貨、カフェとの複合店舗が多い。というか新規店はほぼそれが当たり前になってきている。また古くからの既存店も文具・雑貨を導入している。文具・雑貨は単純計算で売上の四割の利益が得られる。買い切りだが、割引やセールなどが可能で、集客施策などが打ちやすく、また在庫の現金化も本に比べれば選択肢が多い。

また店の一部をスポーツジムや学習塾に貸し出す本屋も増え、売上の一部を賃料収入に変えているところもある。

しかし利益を出そうと考えると本業の本から離れていってしまい、本屋を始めるということの意味すらなくなってしまう。昨今、本屋で利益を出すことを考えるなら「本を売ることをやめればいい」

といったパラドックスが現れ始めている。

そんななかで、個人が本を販売できる棚を貸す「棚貸し」のビジネスモデルが目立ってきている。これは店頭の棚を一コマあたり月額三〇〇〇円から五〇〇〇円程度で貸し出し、借主はそこで好きな本を販売することができる仕組みだ。本を扱うという本屋の体裁を維持しつつ、賃料によって安定した収益を得られることのこのモデルは、既存の本屋だけでなく、それ自体を専門にした店舗まで登場するなど最近注目されている新しい本屋の形態である。

またこれまでの本屋で無料のサービスであったカバーやラッピングなどを有料化したり、トークイベントなどを有料にしオンラインで配信することで収益を得るなど、多くの本屋が本を売ることだけでなく、その周辺のサービスでの利益を模索している。

利益は売上を伸ばすだけでない。支出を抑えることで利益は増える。家賃は安ければ安いほどいいが、前述したとおり立地との兼ね合いでもある。光熱費や通信費などほかにも様々な支出があるが、もっとも大きいのが人件費だ。人によって考えは様々だが、自身に怪我や病気など、なにかあったときにサポートがある体制を整えておくことは長く商いを続けていく上で必要だろう。

それでも本屋を始めたい人へ

かなり簡単にではあるが本屋を始まる前の熟考する入口程度になれば幸いである。

ページに限りがあるので、ケースバイケースである開業資金については触れてはないが、本屋はトントンでやっていくには難しいかもと思っていただけたらさらに幸いである。

本屋は儲からないが本屋を始める事自体はそれほど難しくない。必要なのは文化でも読者でもなくお金である。しかし本屋を続けていくことはとても難しい。身も蓋もない言葉なのだが、運転資金をどのように工面するか、本屋を営みながらそれ以外の収益をどのように確保するのかを考えることが、長く本屋を続けていく上で最も重要なことなのだ。

かつて本は特別なものでなく、また本屋もありきたりな街の風景のひとつであった。当たり前のように人は本を読み、当たり前のように本屋で本を買っていた。そこに意味など必要なかったし、また考えてもいなかった。しかしいままでは本屋を考えるときに、存在意義や文化といった「特別な理由」を語らなければならなくなった。しかしこのさきも常に「特別な理由」が本屋を営む上で必要になるのだとしたら、果たして本屋は持続可能な商いといえるのだろうか。本屋を訪れる理由はなにも特別なものでなく、生活の中で自然と訪れる場所であるような、そんな商いであってほしいと筆者は思う。

4

中国・四国・九州

鳥取の田舎で本屋をはじめた

モリテツヤ
汽水空港

鳥取県の中部、東郷湖という池のほとりにあった元おもちゃ屋の倉庫を改装、増築して「汽水空港」という名の本屋を運営している。オープンは２０１５年の10月10日。その準備には6年間を費やした。

　実家の千葉を出たのは２００８年。22歳の頃だった。本屋開業の為にまず最初に向かったのは、埼玉県にある、とある有機農家の元だ。そこで一年間住み込みながら農作物のつくりかたを学び、家畜の世話をし、鶏を絞め、捌き方を知った。さらにもう一年は栃木の農業学校で過ごした。ボランティア制度を利用して、労働と引き換えに一年間滞在させてもらった。

本屋開業の為に、こうして農場を巡ったのは、ひとつには自分で自分のセーフティネットを築くためだった。今も当時も「本屋は儲からない」とよく言われる。その儲からない本屋をそれでもやる為に、まずは自分が餓死しない為の知恵と技術を学ぶ必要があると判断した。「たとえ本が売れなくても生きていける」という状況をつくることは、自分の許容範囲を超える経済活動に自分を捧げる必要がなくなるということだ。現代社会のあらゆる問題が、支払いを求められる現金によって生まれていると僕は考えた。最近では「ブルシット・ジョブ（くそどうでもいい仕事）」という言葉も広まっている。その言葉を生んだデヴィッド・グレーバーは「無意味で、不必要で、有害でもあるような有償の雇用形態」のことを指してそう呼んだ。当時、22年間しか生きていない、特になんの特技も持たない若者であった自分でさえ、「ブルシット・ジョブ」という言葉は知らなかったが、自分を取り囲む現代社会がくそどうでもいい仕事に満ちていると感じていた。生きていく時間を虚無や虚構に捧げて生きたくない。そうした強い欲求に導かれ、生きるということの根本へと向かいたいと思う衝動で農場を巡ったのだと思う。

そして2011年、栃木の農業学校のボランティア期間を終えて、荷物をまとめている真っ最中に東日本大震災が起こった。栃木で震度6弱あった。停電と断水を経験し、信じられないような規模の津波が起こっているとラジオで聞いた。翌日には、原発が爆発した映像をテレビで観た。自分が生きている時間の中でこんな大混乱を経験するとは思ってもいなかった。

原発事故の影響は未知だった。ひとまず実家の千葉へ戻った僕は、テレビとツイッターを交互に見て情報を得ながら、自転車に寝袋と着替えをくくりつけた。爆発と共に飛散した放射性物質の影響は未知だったが、ひとまず物理的に距離をとった方がいいだろうと判断し、避難と土地探しを兼ねた旅に出ることにした。笑う人もいるかもしれない。だが、今でも、もし島根原発が爆発したら僕は家族を連れて一旦距離をとると思う。

はじまりは移動式跳び箱型書店

野宿生活、ゲストハウス生活を経て、僕は鳥取県に辿り着いた。友人からの物件情報を頼りにしただけで、それ以外にはなんの頼りもなかった。身一つで辿り着いた鳥取で、少しずつ友人や知人ができた。当時、隣町には同世代のKさんとYさんという変わり者二人組が東京から数年前に移り住んでいた。彼らは「日本で一番安い家賃の家」をグーグル検索して鳥取に辿り着いたのだという。その安い家賃の家にドラムセットやギターを持ち込み、謎の映像制作などをして暮らしていた。気のいいKさんとYさんは、何も持たなかっ

た僕に自転車をくれた。それを日常の足として、草刈りのバイトなどをしてどうにかこうにか生き延びていた。僕が鳥取にやってきたのは「田畑をしながら本屋をする」為だったのだが、本屋開業どころではなく、日々をどうにか生き延びることで精一杯だった。暮らしが安定したのは、KさんYさん経由で知り合った地元のおっちゃんDさんがクルマをレンタルしてくれてからだ。田舎生活ではクルマが無ければどこへ行くことも難しく、幾つか受けた仕事の面接もクルマを所有していないことを理由に落とされたりしていた。

そのようにして、現代社会の人間らしい生活に安定するまでに3年間程の時間が経過した。その間には、自分が「本屋をしたい人間である」ということを周囲に把握してもらう為、幼稚園のバザーで購入した3段の跳び箱を改造してつくった移

動式跳び箱型書店を始めた。各段の底に板を張り、一番底にはタイヤをつけ、側面には持ち手とロープをつけた。その跳び箱をゴロゴロと引っ張りながら鳥取の町中や店のイベントへ出店した。カタチはどうあれ、自分が本屋の店主であるという立場になったことで、自分が気になるzineの作家に連絡をして仕入れをすることもできるようになったし、自分でつくっていたzineも販売することができた。古本の買い取りも受け付けていると周知することにも役立った。そして一番の収穫は、こうしたヘンテコな書店スタイルに興味を持ってくれた左官屋の社長との出会いだった。

　人が暮らすのに最低限必要なのは「衣食住」だといわれている。食に関しては、2年間学ばせてもらうことができた。だが、残り2つの衣と住に関してはずっと気になりつつも取っ掛かりのない状態だった。建築現場で働きながらその技術を得るのが一番良いとは思っていたが、職人を目指してもいない自分を雇ってくれるような優しい親方などいるはずがない。そう考えていたところに出会ったのが左官屋の社長Sさんだった。Sさんは本屋開業の資金を働きながら得ることを許可し、そして現場では建築のことを教えてくれた。同時期、今の汽水空港になる元おもちゃ屋の倉庫も借りることができた。僕の日常は、平日は建築現場で働き、日曜日に店をつくるという日々になった。その生活を続けること3年、僕は元おもちゃ屋の倉庫を店に変え、その敷地内には自分一人が暮らす為の3坪の小屋をセルフビルドした。準備期間は長かったが、こうして僕は店舗と住居を兼ねた物件を月々5000円の賃料で過ごせる環境を手に入れた。ひとつひとつ、自分の足で歩み、自分の手でつくるという この経験は、失われることのない知識と技術をも僕に与えてくれた。未来へ向かって着実に自分に知識や技術が身についていると実感しながら暮らすことは、虚無とは対極の日々だった。

いくつもの試行錯誤と現在

ようやく開業することのできた僕は、「はじめる」という課題から「持続」するという課題へと自分のクリアすべき問題が変化したことにオープン初日の夕方に気付いた。準備期間が長かったおかげで、初日にはたくさんの友人知人がお祝いに来てくれた。次々と売れていく、これまで開業の為に買い溜めていた古本を見て、早くも不安に襲われていた。古書市場も成立しない程、鳥取県内には古本屋がない。果たして僕は、スカスカになっていく棚をどうやって埋めていけばいいのだろうか。そして、その仕入れの金をどうやって稼げばいいのだろう。お客さんが来てくれたのはオープンからせいぜい数日間で、すぐに「一週間お客さんが誰も来ない」というような状況が平常になった。僕は「経済活動」に対してあまりにも距離を取りすぎていて、商売に関してまったく何も考えていなかった。というより、実際に店を開けてみて問題に直面しないと、当時の自分には考えようがなかった。店の棚を充実させる為には現金収入を得なくてはいけない。週に数日のつもりで始めた屋根屋のアルバイトは、気付けば平日全部を捧げるようになっていた。店が開くのは土日のみ。それでも生活は苦しかった。自分のセーフティネットを築く為と借りている畑は、時間がなく草刈りをすることしかできなくなった。状況を打破する為にと店の隣の物件も借りて改装をはじめた。広い店内にして、汽水空港という名の通り、空港のように本だけでなくあらゆるものを取り扱う場所にしようと画策し始めた。そして数ヶ月後、鳥取中部に地震がきた。栃木で経験したのと同程度の震度だった。店舗は無事だったが、改装

中の隣の物件は傾き、計画は頓挫した。
狭い店内に散乱した本を片付けながら、これからどのような方向へ進むべきかを考えてみた。商売として成立しない今の場所での営業をこれ以上続けるのは難しいかもしれない。どこか別の町で再出発することも考えた。だが、長い時間をかけてつくったこの店で、まだ試せていないことが山ほどある。隣の物件をつかうことはできなくなったが、今のこの店を増築して奥行きを増すことならできる。やってみよう。このドタバタの中でまさかの結婚を果たした僕は、新たにパートナーとなった妻と二人で、今度はちゃんと商売としても成り立つような汽水空港をつくろうと決意した。オープンから一年程しか経過していないのにもかかわらず、汽水空港の内装を全て一旦破壊して再構築に取り掛かった。

広さが倍になり、外観も内装も綺麗につくりかえた新生汽水空港がオープンしたのは2018年の7月。暮らす為に建てた3坪の小屋は、二人暮らしには狭すぎるとのことでギャラリーとして使うことにした。広くなった店内は、トークイベントなら30人定員の催しを可能にし、遠方からのゲストを招くこともできるようになった。小屋は時々古着屋になったり、作家の器や絵の販売や展示をする場所になった。店の棚を常に充実させるべく、新品の本の取り扱いを積極的に始めた。妻は僕のできないドリンクメニューの開発もする。怪しい謎の男である僕が店番をするよりも、妻のほうが接客に向いているような気もしている。こうして、幾らか体裁を整えてリスタートしてから今年で5年目に入る。汽水空港のある町には一昨年「jig theater」という映画館が出来た。映画館が近所に出来たことで、田舎でありながら文化的なものを求める人が集まる町になりつつある気配を感じている。田畑は、今は一人ではなくこの数年に近所に移り住んできた仲間たちと「モーニングファーマー」というゆるい農業団体をつくり、午前中に田畑をし、午後はそれぞれの本業をするという試みをしている最中だ。生きていけるだけの食料を仲間たちでつくり、それぞれの本業で経済活動にも参加する。

これから汽水空港がどうなるのか、どんな活動をするのかは未知だ。だがこの未知の歩みをおおいに楽しんでいきたい。

大切な一冊

『気流の鳴る音　交響するコミューン』
（ちくま学芸文庫）
真木悠介

「世界に幅と揺らぎあれ」と願いながら汽水空港を運営している。その願いには、今よりマシな未来への望みを託している。しかし社会へのカウンターだけでは疲弊するし、自己変革だけでは閉ざされてしまう。そしてこの葛藤は現代に限った問題でもない。この本の読者の前に立ち現れる〈異世界〉が、それぞれの世界に幅と揺らぎをもたらすだろうと思う。

汽水空港

〒689-0711
鳥取県東伯郡湯梨浜町松崎434-18
https://www.kisuikuko.com/
［営業時間］13:00～19:00
［定休日］水曜・木曜
Twitter: @kisuikuko

暗闇から手を伸ばせ。

越智政尚
本の轍
-Book On The Tracks-

それは押し入れの中の暗闇から始まった――。

物心ついた時から手の届くところに本があった。何せ娯楽は限られていた時代だ。親が買い与えてくれた『おしいれのぼうけん』という絵本が大好きで、現実と妄想の世界が入り混じって繰り広げられる物語にワクワクしたものだった。閉め切った押し入れの襖は内と外の世界を区分けする国境線として心に刻まれた。

小学校に上がると図書室に入り浸り、家まで小一時間はどの道のりを本を読みながら歩いて帰るのが習慣になってしまう。お気に入りはポプラ社の少年探偵モノだった。

愛読書が『宝島』や『POPEYE』へと変わった17歳の

ぼくは、ギターを持って友人たちとバンドを始める。そのころよく通っていたのが「東京少年」というお店。そこは渋谷のファイヤー通りにあった雑貨店の草分け的な存在である「文化屋雑貨店」の商品を扱っていた。顧客に、まだ漫画家になる前の和田ラヂヲさんや、陶芸家の石田誠さんもいたりと、今思うとえらく濃い人たちが集まっていたのだ。ここでそういった年上の人たちからサブカルチャー的なことを教わるのが何よりもためになったような気がする。そして、今の連れ合いともここで出会ったのである。

大学受験に失敗したぼくは、松山を離れて広島へ——。4年間をだらだらと無為に過ごし、卒業後にはありふれた企業に就職してしまう。音楽活動を続けられる仕事にしようと考えてのことだったが思い入れのない仕事は続かない。広島の「文化屋雑貨店」にもよく顔を出していたことから、将来パートナーと一緒にこんなお店がやれたらなあという夢を抱くようになった。そして、東京へ遊びに行った際に、渋谷のLOFTや東急ハンズで生活雑貨の面白さを知ることになる。黄色いお店と緑のお店は何かと比較対象にされていたけれど、後者は「手の復権」をテーマに掲げていることもあってＤＩＹ色が強く、なぜか自分向きだと思った。

商いの原点を見た一箱古本市

26歳の春に転機が訪れる。緑のお店が広島に出店することが決まったのだ。転職活動が本当の意味での就職活動となったぼくは最終選考まで残り、晴れて中途採用社員として入社することになった。

商品選定から仕入れ、陳列に販売、帳簿付けまでを自分の裁量で行える〝仕入販売員制度〟は雑貨の仕事を覚えるのに打ってつけで、当初は4〜5年もいればいいやなんて考えていたのだけれど、責任あるポジションに就いたりするうちに仕事自体が面白くなっていく。そして業界のことを深く知ってしまうと、商品改廃や利益を出していくことの難しさなどが身に沁みてわかることで、どうにも踏ん切りがつかなくなってしまっていた。

「一箱古本市に出てみようと思うんじゃけど、いいかねえ?」

ある日、妻から、思いがけない話が出た。一箱古本市というのは、みかん箱ぐらいのサイズの箱に自分の(手放してもいい)蔵書を入れて欲しい人に譲るんだそうで、まあ、本のフリーマーケットみたいなものかと思っていたら、どうやら東京では盛んに行われているらしい。当日の朝、本をキャリーバッグに詰めて意気盛んに会場の市民交流プラザへと向かった彼女は、夕方には鼻息も荒く帰ってきた。

「結構売れたから、明日はもう少し数を増やして持っていく」

「え?そんなに人気だったの?」

ちいさな箱ひとつでも、出店者がずらりと並んでいることによって会場はちょっとした古本街となり、物珍しさもあって立ち止まる人が多かったようだ。1体1の対面販売ということは必ず会話が生まれるし、本を通して人と人がつながる一箱古本市は、何だか商いの原点のように感じられた。

そのことがきっかけで、広島各地で行われる一箱古本市に夫婦で出店するようになる。呉市の旧道沿いを利用して開催された会場では、予約が必要な古書店として知られている「な夕書」の藤井さんや、全国各地に出没して旅の本を売る「放浪書房」の富永さんとも出会い、そこから交友関係も次々と広がっていった。

仕事で悩みを抱えていたぼくは将来のことを考えるようになる。「本屋をやるのもいいかな」と意識し始めたのもこのころで、東京や関西方面に出かけた際には、本屋めぐりが欠かせなくなった。何軒も訪問すると、棚から店主の個性が感じられたり、ここはちょっと違うなといったことが明確になってくる。青写真を頭に描きながら「よし、もうこの春には」と思っていた矢先、会社が地元の松山に出店することを決め、ぼくに異動の辞令が下ったのであった。

　新店開業に伴うマネージメントは多忙を極め、街中をゆっくり眺める余裕はなかったのだが、ある日、子どものころに通っていた本屋がなくなっていたことに気がついた。アーケード街の主役は個人店からチェーン店の居酒屋やドラッグストアへと移ってしまい、街は少しずつその表情を変えていたのだ。

柑橘の香りがする本屋へ

　秋には新店も無事にオープンして新しい年に変わったころ、妻から話があった。病が進行していて大きな手術になるという。開業準備で毎晩帰りが遅く忙しくしていたぼくに相談しづらかったのかもしれない。そのことを悔い、祈る気持ちが通じたのか手術は無事に成功した。自分たちのお店を出すのはもう少し先になるだろうと思っていたのがこれを機に一変する。この先やりたいことをやる時間はひょっとすると限られているかもしれないし、何よりも自分たちの居場所をつくりたかった。行動へ移すのに躊躇いはなかった。

物件探しもひと段落したところで、友人の和田ラヂヲ夫妻を誘ってニューヨークへ赴いた。表向きは観光だったけれど、ぼくたちは現地の個性的な本屋をめぐるのが目的で、その時に参考にしたのが東京の駒沢で書店を営む「SNOW SHOVELING」の中村さんが手がけたガイド本『NEW YORK BOOKSTORE NOTE』。古書店の親父たちは実にフレンドリーで、「本屋を始める予定で日本から来た」と言うと励ましてくれたり、SoHoの新刊書店「McNally Jackson Books」では入口に掲示されていた「Buy Local（買い物は地元の店で）」の貼り紙が印象に残ったりと、本を買うだけではなく街全体の息づかいや思想が伺い知れたりといったことの方が収穫としては大きかった。

品揃えは何十年もかけてふたりが集めていた蔵書と、ニューヨークで買い付けた洋書も含めたヴィンテージブックを中心に扱うことを決めた。それとジャムやマーマレード。実は、当店と同スペースにもうひとつ部屋があって、そこにはジャム製作所の朗-Rou-さんが工房を構えている。物件を探している最中に、自分だけでは広すぎるからここで一緒にやらないか？　とお声掛けいただいたことがきっかけなのだが、ジャムを拵える際に立ち上る、柑橘の香りが漂ってくる本屋なんてウチぐらいじゃないだろうか——。

やることは多かったのだが、最初に作業工程表をつくっていたのでさほど困ることはなかったように思う。大変だったのは、度重なる施工業者さんとの打ち合わせと、実作業ではペンキ塗りだろうか。店舗工事費を抑えるためにできることは自分たちでやったのだが、真夏の作業は困難を極めた。それと開店直前までヒーヒー言いながら書いた古書のスリップ準備も今となっては懐かしい思い出だ。

オープンの日は台風だった。暴風雨の中を徳島からアアルトコーヒーの庄野雄治さんが駆けつけてくれて、ずっとコーヒーを淹れていただいたおかげで盛況のうちに終了する。ふたりの居場所はまさにボブ・ディランの「Shelter from the Storm（嵐からの隠れ場所）」を地でいく店になったなあと感慨深かった。

最初のイベントは、当店のストアロゴをつくっていただいたイラストレーターの福田利

之さんと愛媛出身の作家・詩人の高橋久美子さんによる絵本、『赤い金魚と赤いとうがらし』の原画展だった。会期中には「詩人になろう！」と題して、久美子さんによる詩作ワークショップを開催したのだが、参加者の中に一際おとなしい女の子がいた。尋ねると兵庫からひとりで来たとのことで店内にどよめきが起こる。

会は、各々が書いた短いセンテンスを久美子さんが添削して言葉をつなげていくことで素晴らしい詩が出来上がり、滞りなく終了した。事が起こったのはその後である。

「あのう、わたしがつくった本をこの店に置いてほしいんですけど……」

件の彼女がか細い声で話しかけてくるではないか。てっきりリトルプレスの売り込みかなと思ったのだが、よくよく話を伺ってみるとそうではなくて、「物語に作画・製本までを自身で手掛けた世界に一冊しかない絵本をここに置いて、お客さまに見ていただくのがこの本にとって幸せだから」ということらしかった。断る理由があるわけもなく、何よりもその絵本『チャーリーおじさんの新聞配達』の出来に、ぼくたちはいたく感銘を受けてしまったのだ。

のちに彼女が音楽活動をやっていることを知り、所属しているバンド「ネクライトーキー」は、２年後にメジャーデビューを果たした。

今年に入って街の中心部にある老舗大型書店が閉店や規模を縮小して移転をしたりと寂しいニュースが続いている。本屋を取り巻く状況は厳しいし、日々肌で感じている。それでもぼくはこの春からお店に集中することを決めた。人の手から手へ――。大量生産された製品を大量に消費してもらうような売り方ではなく、昔から読み継がれ、これからも語り継がれていくであろう本を一冊一冊丁寧にお渡ししている。今では古書よりも新刊の扱いが増えて当初思い描いていた本屋とは変わってしまったけれど、それでもいいじゃないか。お店は顧客のニーズによって変化し続けるのだから。

あの日、押し入れの暗闇で手を伸ばし、光を求めて這い出した少年にこんな未来が待っていたなんて知る由もない。５年、10年、20年後に振り返るとどんな轍を残しているのだろう。その答えはおそらく、本の中にあるのだ。

大切な一冊

『がらくた雑貨店は夢宇宙』（晶文社）
長谷川義太郎

雑貨屋をやろうと思っていた20代のころ、タロウさんは憧れの人だった。本書は「就職しないで生きるには」シリーズの一冊で、１９７４年に渋谷で「文化屋雑貨店」を開業し、80年代に起こった雑貨ムーブメントの火付け役となった店主、長谷川義太郎さんの奮闘記である。埋もれたものを掘り出して世の中へ広めるという考え方は、本屋づくりにも活かすことができた。

本の轍
-Book On The Tracks-

〒790-0024
愛媛県松山市春日町13-10
TEL 089-950-4133
honnowadachi.com
［営業時間］午後１時〜午後７時
［定休日］火、水
＊臨時休業あり
Twitter: @honno_wadachi
Instagram: @honno_wadachi

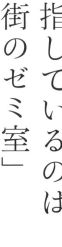

目指しているのは「街のゼミ室」

前田侑也
BOOKSライデン

本格的に本を読むようになったのは大学生の頃からだ。京都にあるもののそれほどパッとしない私立大学の文系学部に通う、絵に描いたような暇で地味な大学生だった。とにかく周りと同じこと、世間一般に〝標準〟とされていることがことごとくできなかった私は、部活やサークルに所属しキャンパスライフを充実させることなどできず、卒業すれば毎日働くことになるんだと変な理屈を捏ねて、あまりアルバイトもしなかった。でもこのままでは将来絶対行き詰まることは明らかで、なんとなくモヤモヤした毎日を過ごしていた。

一方、授業は楽しかった。自分の興味関心のまま授業を履修する大学の授業は、高校までとは違って答えがなく、自分なりに問いを立ててそれについて自分の頭で考えることが好きだった。

その延長で私は本を手にするようになった。読めるのも時間のある今のうちだと、社会科学系の本を中心に読めるだけ読んだ。そして読んでいくと次第にそれまで無味乾燥だった自分の世界がなんとなくぼやっと意味を持ち始めた。知識が時間を豊かにすると同時に、自分の背中を支え、そして肯定してくれた。卒業しても就職して働くことはできそうにないなと漠然と考えていた中、無理にそうしなくてもいいんだと思うことができたのは、ひとえに本のおかげであった。

あの頃はとにかく時間が有り余っていたので、買うお金もないのに毎日本屋に行っていた（ごめんなさい！）。京都では、現在は閉店してしまったが河原町三条にあったジュンク堂京都朝日会館店によく通った。専門書などの俗に言う「固い本」が多い印象の店内からは、まるで読み手の力量が試されているかのような圧力を感じた。よく他のお客さん（主におじさんたち）が籠いっぱいに、まるでスーパーで食材を買うようにポンポンと入れていく様子を見ては憧憬の念を抱いたものだ。また地元の大阪へ帰るとアメリカ村にて営業していた移転前（現在は天王寺で営業されている）のスタンダードブックストアへ通った。「本屋ですが、ベストセラーはおいてません。」のキャッチコピーで有名なスタンダードブックストアでは秀逸な選書により、予期せぬ素晴らしい本との出会いが多々あった。サブカルやヒッピーなどのカルチャー系のコーナーが好きで、読書はもっとカジュアルでイケてるものなんだと学んだ。スタンダードブックストアで買いたいと、駅前の本屋で買うのを我慢してわざわざここで購入した本もたくさんある。

変なプライドだけは一人前で、周りに歩調を合わせることができなかった私だが本を読むことで、そんな私でも何とか違うやり方で生きていけるんじゃないかと思えた。次第にいつかはそんな空間を自ら開き、本を売って生活したいと強く思うようになっていった。何というか、この経験をみんなに知ってほしいと思ったのだ。

人の縁に導かれ長崎へ

いろいろと悩んだ挙句、結局一旦就職した私は、会社員生活を2020年末に終え、わずかな貯金とわずかな社会経験だけをもとに2021年11月長崎市出島町に「BOOKSライデン」をオープンした。場所を長崎としたのはもう運命だったということにしている。以前から地元・大阪を含む大都市での生活に思うところがありいつか地方で生活し、そこで店を営業したいと考えていた。日本地図で見るとまさに西の果て、古くから海外との交

易で栄えてきたこの街には、他の街にはないユニークな空気が流れている。興味本位で訪れた旅行の際に宿泊したゲストハウスのオーナーに本屋をやりたい旨を伝えたところ、熱烈なオファーをもらった。迷ったりもしたが、最終的にはここでやるのは必然だったのだと勝手に信じ、えいやと他の候補地を投げ捨てて長崎で店をやることにした。こういうことは１００％自分で決めるものではなくご縁が導いてくれるものだ。長崎の人は人情味のある優しい人ばかりで、開店前から今もたいへんお世話になっている。公私共に楽しく尊敬できる方々に囲まれ、この街に来てよかったと心から思っている。

店名の「ライデン」はオランダの地名だ。歴史の授業で一度は習うであろう出島は、日本が鎖国していた江戸時代に唯一貿易が認められて

いた人工島。オランダとは貿易相手国として関係があり、過去に一度旅行で訪れたことのあるライデンは、まるで絵本に出てきそうな美しい街だった。漠然と屋号は地名がいいなと思っていたが、聞くところによると長崎市とライデン市は姉妹都市であり現在も友好な関係が続いていることから、勝手に屋号とさせていただくことにした。ちなみに「相撲は好きなのですか?」と聞かれることがあるが、残念ながら角界にはこれっぽっちも明るくない。

開店までの準備期間には、前述のゲストハウスの軒先をお借りして古本を販売させていただいた。とにかく店をやることを知ってもらうには小さくても店を始めることだと考え、荒削りを承知の上でとにかく顔を覚えてもらおうとした。そうこうしていくうちにアドバイスをくれる同業者の先輩方や将来的なお客さまとの繋がりができ、そして店の準備を手伝ってくれる仲間たちができた。本当に長崎の人たちに支えていただいた。ありがたい。

店では新刊と古本を合計約3000冊ほど揃えている。新刊の仕入れはほぼ買切り、古本は買取でのみ仕入れさせていただいている。加えてカフェの営業も行っている。カフェを併設するということは絶対条件であり、本を介したサロンの場みたいなものを作ってみたかったのだ。あとは課題本について意見を交える読書会や、普遍的かつ社会的なテーマについて考える「哲学カフェ」、歴史講座などの学びの場など、本はもちろんのこと、その周辺にある学習の機会などを通して、地域の人々の遊び場を提供しようと試みている。まだまだ試行錯誤しながらの発展途上段階であるが、本を売ることはもちろん、その周辺を整備することで、より本を手に取っていただけやすくなるのではないかと考えている。そこは店とお客様との距離が近い、小さい店だからこそできるメリットではないだろうか。

「効率」から遠く離れて

私にとって読書とは「反抗」だ。本を読み、ふさわしい言葉を得ることで世間一般の共通理解や現実の人間関係と一定の距離を取ることができ、それらから離れた場所に自らを立たせることができる。世界を知ることで既存の自分から脱皮することができる。だから「反抗」なのだ。あの頃は本を読むことで、当たり前と思っていたことが当たり前ではないことを知り、見えていなかった道が見えるようになっていった。本棚の前に立つといかに世界が広く、自分が小さい存在であるのかを身にしみて感じた。だからこそ知っていることではなく、知らないことをますます知りたいと思うようになった。人間的な成長には考えることが不可欠で、それは自分の外側にある「知らない」ことに触れてこそ初めて行われるものだと考えている。今の時代、果たして自分の外側に触れる機会は多いのであろうか。時間の堆積や世界の広さに打ちひしがれる機会はあるのだろうか。

もし昔の私と同じように現実に行き詰まりを感じている人がいるのであれば、一緒に知り、一緒に考えたい。店はそんな学びを核にしたみんなで考える空間になることを目指している。イメージとしては「街のゼミ室」といったところだ。考えないことを要求される日常生活において、あえて考えることで反抗する、そんな場にしたい。しかし昨今もてはやされている、「役に立つ」ことや「効率」からは遠いところにあって、ゆっくりとじっくりと知的な好奇心をシェアするような暑苦しくてカオスな空間を作り上げていきたい。

しかし大風呂敷を広げてはみたものの、お恥ずかしながら私はまだまだ何も知らない。本に関する知識に加えて自分のことも世界のことも全く知らない。だがそれについて知り、

考え、そして自分の言葉で話したい。周りの言葉に左右されない、思考の果てに生まれた純粋無垢な自分の言葉で話すことは実に美しいことだと思う。そんな人たちと答えを一緒に探していきたい。自分の意見で他者をねじ伏せる「論破」とは対極の、何もわからないことを共有しつつ、でも勇気を出して私はこう思う、私はこう考えると積極的にやりとりできるような、そんな「知らない・わからない」空間を作っていきたい。

そのために今日も本を売ろうと思う。その全ては本を読むことから始まると思う。昔の自分みたいに、燻っている人たちに違う世界を提示できるような存在になりたい。若い学生たちには本を読むことはかっこいいことなんだと伝えていきたい。大きく出たもののいつまで続けることができるのか全く予想はできないが、そういう空間がこの長崎という街にひとつ、あっても良いのではないだろうか。

大切な一冊

『日本の思想』（岩波新書）

丸山眞男

『「である」ことと「する」こと』は現代文の教科書にて定番の教材ですが、私も高校生の頃に学習しました。日本の近代化の過程を「である」社会から「する」社会への移行と捉えその特徴や失敗について書かれています。自分の立っている場所について考えるきっかけを与えてくれた一冊。社会の構成員として自分の頭で考えることの大切さを感じた私の原点です。

BOOKS ライデン

〒850-0862
長崎県長崎市出島町2-18-201
https://books-leiden.tumblr.com/
［営業時間］12:00〜20:00
［定休日］不定休
Twitter: @books_leiden
Instagram: @books_leiden

海の街に「ある」場所で

あかしゆか
aru

「ゆかちゃん、宿の近くに小さな古民家がひとつ空いてるねんけど、そこで何かはじめてみいひん?」

岡山県倉敷市の端っこにある、海の見える街・児島唐琴町。その場所で「DENIM HOSTEL float」という宿を運営している島田さん・山脇さん兄弟(通称・デニム兄弟)にそう声をかけてもらったのは、2020年7月のことだった。

彼らが宿をはじめたのは、2019年9月。私はそれ以前に彼らと東京で親しくなっていて、彼らが宿をはじめたと聞きつけてからは、何度か旅行がてら児島の地を訪れていた。

「美しい場所だな」というのが、児島の街に対する最初の感想だった。瀬戸内海は、穏やかな波と淡い色合い、島々が浮かぶ「多島美」の景観が特徴で、日ごとに海が見せる表情はまったく違う。それは、私が今まで見てきたどんな海よりも美しかった。

とはいえ、その場所でまさか自分が本屋をはじめることになるだなんて、その時は想像する由もない。児島は私にとって、たまに訪れる「旅行先」であり、それ以上でもそれ以下でもなかったのである。

本屋が人生を変えてくれた

2020年の3月に、私は5年間勤めていた会社を退職して、フリーランスの編集者・ライターになった。そして私事で大変恐縮だが、2020年の6月に離婚をしている。仕事もプライベートも「自由」の身になったのが2020年の前半だ。どちらも前向きな決断だったけれど、新型コロナウイルスがやってきて世の中の先行きも見えない状況になり、当時の私はすごく不安を抱えていたと思う。そんな気持ちを察してかどうかはわからないが、デニム兄弟が「2週間くらいワーケーションがてら児島に遊びにきたら?」と誘ってくれた。そうして私は児島に2週間ほど滞在することになり、瀬戸内での暮らしに本格的に惹かれることになった。

朝は波の音で目覚めて、大好きな友人と食卓を共にする。出会う街の人々は素敵な人ばかりで、おいしいごはんと美しい自然とやさしい人たちに囲まれて、それまで抱えていた不安な気持ちが、すっと引いていくのがわかった。

「この人たちと、もっと時間を過ごしたい」。私の中で、その思いが2週間のあいだに膨らんでいった。彼らももしかするとそのように思ってくれたのかもしれない。かくして滞在期間の終盤に、島田さんから冒頭のお誘いをいただいた。

そしてその時に真っ先に心の中に浮かんできたのが、「本屋さんをやってみたい」という思いだった。


大学生の時、私は京都のとある本屋でアルバイトをしていた。その本屋は今はもうなくなってしまったのだけれど、選書が独特な新刊書店で、隣には雑貨売り場もついていた。スタッフは私を含めて6名ほどで、そこで出会う大人たちは誰しもが魅力的だった。

本は好きだけれど「めちゃくちゃ好き」というわけではなかった私が、どっぷりと本の世界に浸かるようになったのは、その本屋のおかげに他ならない。高校生まで「いい子」でいること、世の中のレールから外れないことに重きを置いていた私は、本によって、世

の中の広さや自由であることの素晴らしさを知った。

人によっては、世の中のおもしろさを知るものが、旅だったり音楽だったり、はたまたアートだったりするのだろう。私の場合は、それが本だった。だからだろうか、町田康さんや中島らもさんなど、少々刺激的な生き方をしている大人たちの本にたいそう惹かれた。

今の編集者・ライターという職業を志すようになったのも、その本屋との出会いがきっかけだ。「本屋」は私の人生を変えてくれたものであり、大学生の頃から私にとってかけがえのない場所となった。

空いている物件で「本屋をやってみたい！」と衝動的に思ったあと、「なぜ自分は本屋をやりたいのだろうか?」「どういう場所にしたいのだろうか?」ということを冷静になって考えてみた。すると、本屋をやりたい理由はたくさん見つかった。

まずは、前述した理由で本屋という場所が大好きで感謝していること。あとは自分がそうであったように、本がきっかけで人生が少しでも好転したり、勇気を持てたりする人が増えればいいなと心から願っていること。

また、私はずっと「自分の場所」と呼べる場所がほしかった。私は性格柄、それまで誰かがはじめたプロジェクトに参加させてもらうことは多かったけれど、自分で旗をあげて何かをゼロからはじめた経験はほとんどなかった。だからいつも「人の場所にお邪魔させてもらっている」という感覚が強く、「自分の場所」と言えるものに、どこかでずっと憧れていたのだと思う。

ほかにも、本でつながる関係のことをとても信頼していて、そういう関係が生まれる場所を作りたいとか、瀬戸内海での暮らしを続けるきっかけがほしいとか、理由はたくさんあった。

でも、本屋をやりたいと思うたくさんの理由はあるのだけれど、「私が作るのはこういう本屋です」というひとつのコンセプトを決めることはどうしてもできなかった。

物事をはじめるとき、そこにはさまざまな背景が絡み合っている。人の思いは複雑だ。わかりやすいコンセプトがあると人に説明しやすくはなるけれど、お店に何かの意味を持たせることは、そうした複雑なものを取りこぼしてしまうような気がした。何より、コンセプトが立ちすぎて、それに自分自身が縛られてしまうことへの恐れもあった。店がどういう場所であるかは、訪れる人によって違っていいと思った。

だから、「この本屋は、こういう場所です」とこちら側が決めてしまうのではなく、ただそこに「ある」場所にしたい、その場所の意味は訪れた人に委ねたいという思いを込めて、店名を「aru」と名付けることにした。ただある場所。けれども、そこにはたしかに人それぞれの意味がある場所。

開店後、店名の理由を聞かれたときに説明がしづらくて困っているけれど、とても気に入っている。

aruの目の前には、大きな桜の木がある。周辺にも桜が咲き乱れ、その地帯はいわゆる「桜の名所」だ。物件を紹介してもらってそのことを知った時、私は「春にオープンしよう」と心に決めた。満開の桜に囲まれてお店をオープンできるなんて、素敵じゃないかという直感があったからだ。物件を紹介してもらったのが２０２０年の６月だから、開店を目指すは約10ヶ月後の２０２１年の４月。そこから毎月１週間ほど岡山に通うことが決まり、私の本格的な二拠点生活がスタートした。

とはいえ、私はお店など作ったことがない。その古民家は長らくのあいだ空き地になっていた家で、床は抜け、ゴミだらけで、大工さん曰く土台が腐っていて基礎からやり直さなければいけないとのことだった。初回の在庫の仕入れや工事の費用を含めると、数百万円の開店資金が必要になる。

「やらなければいけないな」と思いつつ、開店準備に本腰を入れたのは、秋の終わり頃だったと記憶している。古物商の資格の取得、什器の買い付け、大家さんや地元の郵便局などへの挨拶まわり、大工さんのリノベーションの手伝いなど、開店準備には島田さんをはじめ多くの方々が本当に親身になって手伝ってくれた。ほかにも本の仕入れや、開店資金の借り入れなど、やることとは無限にあった。

準備はとても大変だったけれど、その期間は「楽しかった」という思い出しかない。何かを自分でゼロからはじめるためには、たくさんの人に助けてもらわなければならない。あらためて「自分はひとりで生きているんじゃないんだ」ということを心から実感する機会になり、作る行為は人を救うということを知った。

結局私の見積もりが甘く、オープンしたのは２０２１年の4月29日。桜の時期には間に合わなかったけれど、開店には多くの人がかけつけてくれて、「幸せ」という言葉がこんなにも似合う日はそれまでの人生でもなかったように思う。そうして私の小さな本屋ははじまった。

二拠点生活で本屋をやる

aruは月に数日、私が岡山にいる期間しか開かない。そして私は、本屋だけで食べているわけではなく、ほかにも仕事がある。だからある程度、割り切りながらゆっくりと運営しているというのが正直なところだ。もっとやりたいことはあるし、置きたい本もたくさんある。大切に育てているつもりだけど、まだまだ理想の本屋には程遠い。でも、続けられなくなるのは嫌だから、無理はしないと心に決めている。

好きな本屋に行くと、「ああ、やっぱりすごいな」と感嘆のため息が出る。それ一本で生きている人たちの店づくりは、当たり前だけれど覚悟が違う。自分がお店をすることで、他のお店に対する尊敬の念が格段に増した。以前は「好き」という思いが大半だったけれど、そこに尊敬が付け加わった。

お店を開いて2年が経過して、毎月来てくださる常連さんができたり、遠方からはるばる来てくださる方がいたり、小学校や中高時代の友人が急に訪ねてくれたりと、さまざまな出会いや再会があった。そして、お客さんごとに店との付き合いもさまざまだ。たくさんおしゃべりをする方もいれば、何も話さず本とひたすら向き合う方もいる。どんな形であれ、この場所を大切にしてくれると感じた時、私まで大切にされたような、くすぐったい気持ちになる。

店を営むということは、お客さんを「待つ」ことだ。発信をしたりイベントを企画したり、お客さんが来てくださるためにできることはやるけれど、最終的に誰が来るかはこちら側には予測できず、ただ待つことしかできない。ガラガラ、と扉が開かれる音を聞く時、今でも胸が踊る。毎日の出会いが等しくうれしく尊いと思う。

一方で、このやり方でいつまで続けられるのだろうかという不安はいつもつきまとっている。二拠点生活には体力が必要だし、東京や岡山の家賃などを合わせると固定費もけっこうかかっているのが現実だ。今はなんとかやっていけているけれど、妊娠などのライフスタイルの変化があれば、難しくなってくる部分もあるだろう。

不安はある。けれど、どうなるかわからないのは、結局はどこで何をしていたって同じなのだ。不安を嘆くのではなく、愚直に今を楽しんでいきたい。そして続けられるうちは、ずっとこの本屋を続けていきたいと今は心から思っている。

大切な一冊

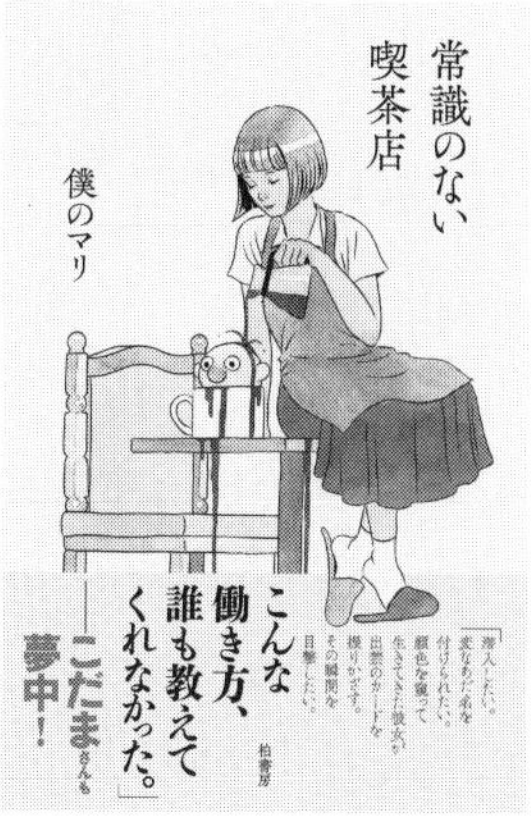

『常識のない喫茶店』（柏書房）

僕のマリ

お客さんの心地よさと引き換えに、スタッフが不幸になってはいけない。働く側もちゃんと幸せでいられるよう、「おかしいことはおかしい」と伝えるお店の姿勢にとても励まされました。私もaruを営む中で、自分自身の心をしっかりと守っていきたい。世の常識にとらわれず、毎日の目の前で起こるできごとに真摯に向き合っていこうと勇気をもらえた一冊です。

aru

〒711-0905
岡山県倉敷市児島唐琴町1421-18
https://bookstorearu.stores.jp
［営業時間］12：00～19：00
［不定休（Instagramにて告知）］
Instagram: @aru___store

島で本屋はじめました

田山直樹
TUG BOOKS

岡山県と香川県に挟まれるようにして瀬戸内海に浮かぶ、犬のような形をした島。それが小豆島です。オリーブや素麺、醤油の産地であり、壺井栄の出身地で、尾崎放哉が晩年を過ごした島。人口は26000人弱で、瀬戸内の島の中では多い方ではあるものの、少子高齢化の先進地域です。10年後、20年後を考えるとあまり楽観的には考えられない状況。そんな島で、TUG BOOKS（タグブックス）という本屋を始めました。中々に無謀ですよね。我ながらよくこんな思い切ったことを…と思うのですが、でも、どうしてもこの島で本屋をやってみたかったし、やる意味があると思いました。島で本屋を開いて7ヶ月。めちゃめちゃ低

空飛行ではありますが、何とか仕事を掛け持ちすることなく本屋一本でやってこれています。というわけで、島で本屋を始めた理由と、実際始めてみてどうだったのか。その辺りを皆さまにお伝えしていこうと思います。

大都市への違和感、島との出会い

改めまして、TUG BOOKSの田山直樹と申します。鳥取生まれの西日本育ち。大学を卒業した後、丸善ジュンク堂書店に就職しました。池袋で3年、名古屋で4年の計7年間働いた後、小豆島への移住をきっかけに退職。その後は地域おこし協力隊を3年間務めた後、2022年8月30日にTUG BOOKSをオープンしました。

移住するまでは縁もゆかりもなかった小豆島に何故移住しようと思ったのでしょうか。それは東京での日々が影響していました。日本の人口の三分の一が集中している首都圏。その日常は交通やインフラなどあらゆるものを全力で回すことで何とか保てているのではないか。そしてそれはささいなきっかけで簡単に崩れてしまうのではないか。何より、想像もつかないような複雑で巨大な仕組みで動いている社会を目の当たりにすると、相対的に自分自身がちっぽけで代替可能な存在に思えてきます。仕事は面白いけど、このままの

暮らしで良いのだろうか。将来に漠然と不安を覚えていた時に、旅行で訪れたのが小豆島でした。

ずっと眺めていられる穏やかな海。壁のようにそびえたつ山々と、その頂上から見渡す多島美の絶景。そして何より、参加したカヤックガイドの人がとても魅力的でした。この旅行をきっかけに、小豆島に毎年訪れるようになります。都会に比べると不便なことも多い島暮らしですが、知り合った島の人はその不便な環境を自分たちの創意工夫で乗り越え、楽しく暮らしているように見えました。

名古屋での出会いも大きな影響を与えました。様々なイベントを積極的に打ち、地域における本屋の役割について考えるきっかけを与えてくれた店長。そして「ブックマークナゴヤ」という本のイベントの実行委員やスタッフの人たち。大手書店に個人書店、書店に取次など、本との関わり方はそれぞれ違えど「本を愛する」気持ちでつながっている個性豊かな人たち。そしてイベントを通じて名古屋の本屋と本の文化を盛り上げようとしている。面白い先輩たちと一緒にわいわいやっている内に「お店でただ本を売るのが本屋の仕事じゃないぞ」と思うようになっていきました。

消費するだけの存在となってしまいがちな大都市の暮らしへの違和感。名古屋で出会った人たちの「楽しいものが地域になければ自分たちで作り上げれば良い」というガッツ。小豆島の人の不便を楽しむＤＩＹ精神。こうした人たちとの出会いを通じて、小豆島で本屋をやりつつ地域に根差して生きていきたいと思うようになりました。

小さく初めてみる

そんな思いを持って小豆島に移住したわけですが、そもそも大都市圏でも苦戦を強いられている本屋が島で食べていけるのか。昔に較べて減ったとはいえ、島内に数店本屋があるのに、新しい本屋の入る余地はあるのか。それらを検証するためにも、地域おこし協力隊の仕事のかたわら、休日に知り合いのカフェや雑貨屋さんの軒先を間借りして出張本屋イベントを行なうことにしました。貸本屋に古本屋、テーマに基づいたブックフェアを行なったり、カウンセリング選書をしたり、間借りするお店の雰囲気に合わせて色んなイベントを企画しました。1年間で約10回開催したのですが、この間借り出店はやって良かったです。島の人がどんなジャンルの本に興味があるのかを調べることができますし、イベントを通じて島内の本好きと知り合えます。意外だったのが、本が好きな人と本の話をするのが楽しくて、早く実店舗を開きたい！　というモチベーションにつながったことでした。こうした間借りイベント出店は、本屋開業を考えている人には是非試してもらいたいです。初めは一箱古本市などのイベントに参加してみて、慣れてきたら自分でイベントを企画して出張本屋をやってみる。古本市のようなハコの力ではなく、個人の力でどれだけお客さんが来てくれるのかを知ることができますし（来なさすぎてへこむこともあります笑）、回数を重ねれば、地域ごとの課題や、どんなお店が求められているのかを考えるヒントがもらえるはずです。

イベント出店で実店舗開店へのモチベーションを高めつつ、参加者の反応から「この島で本屋としてやっていけるかもしれない」という感触を得た私は、イベント出店と並行して物件探しを始めました。不動産業者に空き家バンク、知り合いの伝手も頼りつつ探すこと約1年。築60年の古い民家を店舗として借りることができました。状態は良くなかったのですが、中心地に近いこと、海が近いこと、駐車場があること、そして車通りが少ないので静かなことなどが決め手となりました。

物件が決まったら次は資金調達です。そもそも薄給な書店員だったうえに貯金という概念がなかったために、手持ちの資金では開業は不可能。ですのでクラウドファンディングで支援を募りつつ、日本政策金融公庫から融資を受けました。本来ならばなるべく自己資金で開業資金をまかなうのが理想的です。ただ融資にも良いと思える部分があります。それは第三者、それも本に興味のない人に事業計画を説明する機会が得られるということです。知り合いに本が好きな人が多いので、本屋に関して大体の人が好意的な反応を返してくれるのですが、融資では「そもそも本屋が減ってるのに何故？　しかも高松のような地方都市でなく島で？」と思っている人を納得させる必要

があります。融資は自身の事業を冷静に見つめ直す機会になりました。

融資も決まり何とか資金調達の目途が立ったのでいよいよ改装作業。構造補強や水回りの部分は工務店にお任せしましたが、壁を抜いたり床板を張ったり本棚を作ったりペンキを塗ったり、自分でできる部分は自分でやりました。古い家なので大量の埃と戦いつつ、経年のゆがみで失われた平行や垂直を求めて微調整や細かい加工をほどこす日々…。大変だったのでまたやりたいとは思いませんが(笑)、それでも改装作業の過程をSNSに上げて見てもらうことで、開店前から色んな人に興味を持ってもらえたと思います。改装を終え、選書や棚詰め、カフェ部分の準備も何とか終えて２０２２年の8月末にオープン。

ハブでアジールな場所を目指して

開店から7ケ月が経ちました。それだけの短い経験で言えることは少ないのですが、続けてきた感想としては、地方の本屋はハブでアジールな場所になりうる！　ということです。つまり様々なものがつながる場所であり、駆け込み寺や避難所のような場所でもある。本屋という場所が本と人をつなぐのは予想できていましたが、面白いことに本屋には人と

人をつなげる力もあるようです。観光客と島の人が村上春樹の話で盛り上がったり、ワークショップで同級生と数十年ぶりに再会した島の方もいました。読書会で仲良くなったり、店内にたまたま居合わせたお客さん同士で意気投合したり。本屋は誰もが気軽に入れる場所だからこそ、人と人の出会いをもたらせるのかもしれません。

　また、あるお客さんから言われた「この本屋はアジールのような場所ですね」という言葉も印象に残っています。ひっきりなしに情報を流し込み、目まぐるしいまでに効率や速さを求めるのがＳＮＳやスマホなどのネットメディアだとすれば、本はもっとスローでゆっくりとしたメディア。本を扱う本屋はそうしたネットの情報の洪水から逃れ、書棚を通して自分の内面や無意識の興味関心と向き合うことができます。何より読書という行為がもたらす静謐な時間の豊かさ。当店は表通りから離れた神社と学校と海の狭間にあるので余計アジール感が増すのかもしれません(笑)。

これから地方ではますます本屋が減っていくと思います。でも、そうした状況だからこそ逆に地方での本屋の重要性は増していくのではないでしょうか。

本屋は未知の宝庫です。ＳＮＳやネットのようにビッグデータや検索履歴に従ってあなたにとって心地よい情報を示してはくれませんが、本屋に行くことで検索することも思いつかなかった物事や世界について教えてくれます。

Amazonなどのネット書店のように欲しい本がすぐには手に入らないかもしれません。ですがネット書店のアルゴリズムとは全く異なる〝店主の経験と知識〟という独自の思考回路から導き出された本が、あなたに思いがけない出会いをもたらしてくれるはずです。

時にはあなたの悩みや愚痴を聞いてくれますし、雑談から意外な本をオススメしてもらえるかもしれません。そしてイベントやワークショップを通じて新たな人との出会いももたらしてくれます。

本屋を個人で営むのは大変なことも多いです。でも、小さい分小回りが利きます。あらゆる業種と相性の良い本はやり方次第で大きな可能性を秘めているはず。それぞれの地域で求められている本屋を見極め、小さく始めてみる。

この文章をきっかけに、それぞれの地域で本に携わる人や本屋を始める人が一人でも増えてくれれば、それに勝る喜びはないです。

大切な一冊

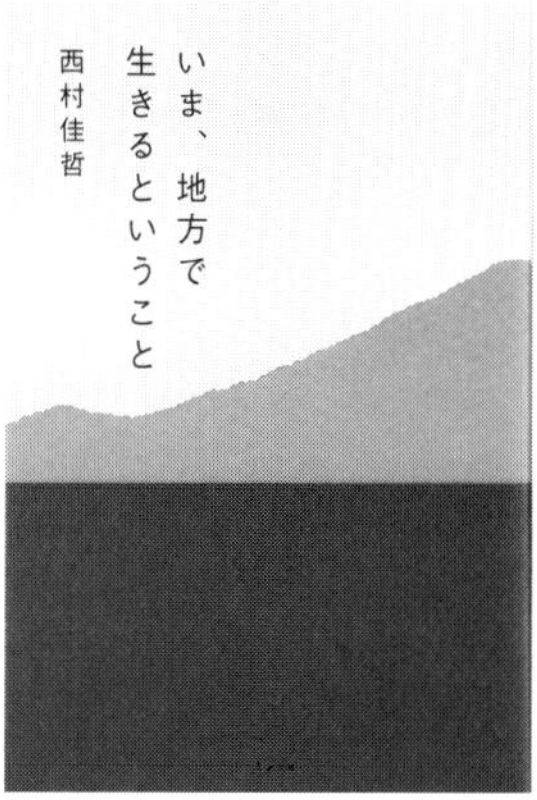

『いま、地方で生きるということ』
（ミシマ社）
西村佳哲

東京にいた頃、これからの暮らしを考えていた時によく読んでいたのが西村佳哲さんの本でした。暮らしや仕事を自分たちでどう作り出していくか。その実例とヒントが本書には詰まっています。地方で暮らすことを考えている人だけでなく、これからの働きかたや暮らしについて考えたい方にも読んでもらいたい1冊です。

TUG BOOKS

〒761-4121
香川県小豆郡土庄町淵崎甲1926
［営業時間］11:00〜18:00
［定休日］木・金
Twitter @TUG_BOOKS
Instagram: @tugbooks_shodoshima

本屋について知る 4

本をどこから仕入れるか

渡辺佑一

本屋がどんどん増えている？

わたくし「一冊!取引所」の渡辺と申します。まずは自己紹介からさせてください。「一冊!取引所」は、２０２０年6月に突如としてウェブ上にオープンした「書店と出版社の現場をつなぐ受発注プラットフォーム」です。書店ユーザーは、参加出版社が登録した本たちをクリック操作だけで手間なく簡単に発注でき、「新品の本を仕入れて売りたい」多くの方々にご利用いただいています。このサイトで私は、立ち上げ当初より運営業務や普及を担当しています。それ以前は、直取引をメインとした営業スタイルの出版社・ミシマ社で、自社営業の立ち上げから関わり13年ほど営業の現場を担当。さらにその前は、取次会社で書店営業部門を7年ほど経験しました。ということで、一貫して書店に近い出版流通の現場でもう20年以上、働き続けております。

さて、そんな私のもとには、「本を扱うお店を始めたい」というご相談や、「新品の本を仕入れたいので一冊!取引所を使わせてほしい」というアカウント申請が日々舞い込みます。多い日は、1日に複数の方から。世間的には書店の閉店が止まらない、無書店地域が増えているなどと言われ続けるなかで、むしろ私の実感としては、本を仕入れて売りたい人たちは増加中です。「書店」や「本屋」をどう定義するかという問題はありますが、この本で取り上げられているようなお店に限らず、いろいろなスタイルで本を売っていこうというのが令和の時代の「書店」であり、「本屋」だと私は思っています。

本屋のスタイルと仕入れ手段の多様化

ところで、個人で目指す本屋開業のスタイルは、**「店舗型」**が王道ですが、それ以外にも、カフェなどの飲食店や雑貨屋に本を売るスペースを設ける**「間借り型」**、無店舗でもイベント出店や行商スタイルで本を売る**「移動販売型」**、あるいはECサイト構築から店舗開業を目指す**「通販型」**、この4パターンが代表的です。さらにこれらを掛け合わせた**「ミックス型」**はもちろん、複数の個人が店舗物件をシェアして運営するという**「協働型」**書店や、書棚一コマを月額でレンタルでき本を販売できるという**「棚貸し型」**の書店も登場し、各地に続々とオープンしている状況です。

こういった様々なスタイルが取れるのにはいくつか要因がありますが、とりわけ新品の本を仕入れる手段が多様化したことが大きいです。そして、「一冊!取引所」の書店ユーザーとやり取りをするなかで伝わってくる思いは同じく、「紙の本が好きだ」ということ。好きだから、伝えたい。好きなものを売って、世の中に伝えたい。そういう個々の自然な想いが、スタイルの多様化と仕入れ手段の多様化を呼び起こしたと考えています。長く日本の出版文化を支える既存の「出版流通」の仕組みでは、このような個々の「本を売りたい！」という想いを広く受け止めることがとても難しかった。雑誌やコミックが象徴的ですが、多品種少量の商材を効率的に回転させ薄利多売を目指すという「大きな出版流通」のビジネススケールは、小商いにフィットしにくいのです。それが今ならば、大きな出版流通も健在ですし、小商いスタイルを受け止めてくれる流通のプレイヤーもいらっしゃる。なので、書店専業での開業を目指すもよし、他での勤めを続けながら兼業で始めるもよし、異業種のお店でも本を売ってよし。これまで買う立場だった読者や本屋好きの人でも一念発起で「本屋」を志せるようになりました。

本屋を始めたい、本を仕入れたいあなたにおススメの必読書3冊

では、本をどこから仕入れるか。まずは私が開業相談を受けた際に必ずおススメする本が3冊あるのでご紹介します。

『本屋、はじめました　増補版』辻山良雄著（ちくま文庫）

２０１６年に東京・荻窪で新刊書店「本屋Title」を開業させた著者が、前職の書店員時代のこと

や個人での書店開業を志して事業計画書を作り、物件探しや店舗運営、開店後のことまでを綴った一冊。96頁からの「商品の仕入れ方」では総合取次の日販と口座開設しており、その経緯も書かれています。本屋を開きたい！　という方には全部が全部ものすごく参考になりますし、読書として普通に読んでも面白い名著です。

『これからの本屋読本』内沼晋太郎著（ＮＨＫ出版）

東京・下北沢の「本屋Ｂ＆Ｂ」開業や本にまつわるプロジェクトの企画・ディレクションを行う著者が、世界に本屋を増やすべく書きった渾身の書。とりわけ１１３頁からの「別冊　本の仕入れ方大全」は本屋を始めたいあらゆる人にとって必読の情報となっています。

『建築知識　２０２０年１月号　世界一美しい本屋の作り方』（エクスナレッジ）

雑誌のバックナンバーなのですが、いろいろな本屋さんの内装や什器の配置などがフルカラーの間取り図、写真・イラストでたくさん紹介されていて、とても楽しいです。巻末には「本と流通の仕組み」がわかりやすくコンパクトに掲載されており、業界外の人でも理解しやすいです。開業後も使える、参考書として非常に秀逸な一冊です。

この必読書３冊の存在も、本屋がどんどん増えているひとつの要因だと思っています。

仕入れの見取り図

それでは私が日ごろ開業相談を受ける際に使っている「見取り図」をご用意したので、これを元に、仕入れルートの概略を見ていきましょう。

新品の本を仕入れる手段　【取次経由】の場合

新品の本を仕入れる場合ですが、卸売の会社から仕入れる**【取次経由】**と、出版社から直接仕入れる**【直取引】**の大きく2系統あり、それぞれに特徴があります。

総合取次（大取次）

まずは書店が本を仕入れる際にもっとも一般的である、**トーハン**や**日販**といった**「総合取次（大取次）」**について見ていきましょう。一番の特徴は、どちらか1社と契約するだけで、出版物のほとんど全てを取り扱えるようになることです。とりわけ委託制度で運用されている雑誌やコミックを取り扱いたい場合は総合取次の口座が欲しいところ。ですが、書店としてそれなりの売上規模がないと取引が難しく、また、数か月分の売上に相当する信任金や複数の連帯保証人が必要となるなど、契約の

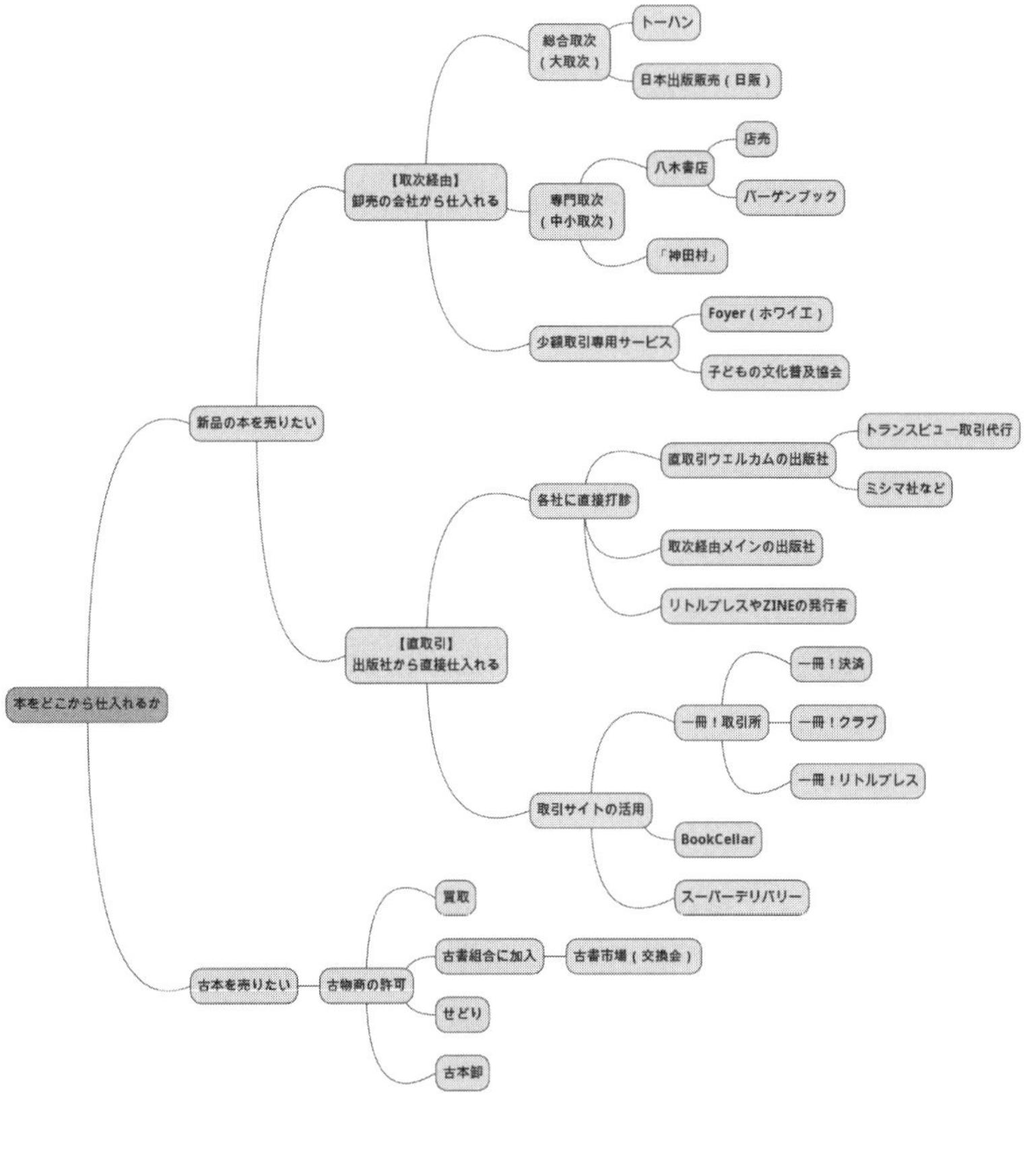

仕入れの見取り図　筆者作成

際に行われる審査のハードルが高いです。しっかりとした事業計画と開業資金、信用がないと難しいのですが、実は、必読書で紹介した「本屋Title」さんのように、元書店員さんが新しくオープンさせた個人書店では、はじめから総合取次と取引開始している例が多々あります。やはり、それまでの書店員経験で実務上の実績・信用があること、そしてご自身が総合取次の良さをよく知っていらっしゃるからだろうと推察します。ゆえに、まずは総合取次との口座開設から検討するのが王道かと思います。

専門取次（中小取次）

総合取次よりも規模が小さいながら、それぞれの強みに応じて一部の出版社と取引関係にあるのが**「専門取次（中小取次）」**です。その多くは東京・神保町界隈に立地しており、東京出版物卸業組合に加盟する取次は、通称**「神田村」**と呼ばれています。信任金など契約審査のハードルが総合取次に比べて低く、小回りが利きそうなイメージです。取り扱い出版社が限られているため、各社のホームページでチェックしてから、仕入れたい出版社と多く取引のある取次へ契約を個別に打診していく流れでルートを拓いていきましょう。契約ができたら、**「店売（てんばい）」**という書店が直接本を見ながら仕入れができる場所を持っている取次も多くあるので、足を運べる方は通うといいでしょう。なかでも**「八木書店」**では、1階が新刊書籍の店売で地下1階には**「バーゲンブック（自由価格本）」**が並んでいるのが特徴で、仕入れの幅を広げてくれています。

少額取引専用サービス

小さい本屋さんや異業種で本を売りたい人たちにとって嬉しい、取次と取引するハードルを下げてくれるようなサービスもあります。

取次業界3位の規模を持つ楽天ブックスネットワークが運営する **「Foyer（ホワイエ）」** は、これまで総合取次が苦手としていた少額卸売を可能とした画期的なサービスで、これを活用して異業種でも本の取り扱いをする場所が増えています。信任金や連帯保証人は不要ながら、同社が在庫する書籍・コミック・ムック約49万アイテムの商品を仕入れることができ、返品も可能（ただし手数料あり）なのが大きな特徴です。

クレヨンハウス主宰の落合恵子さんが代表を務める **「子どもの文化普及協会」** は、総合取次（大取次）の口座を持たない本屋さんと取引を行っている卸会社です。その名の通り、もともとは、子どもの本の普及を目的として１９８４年に設立されたのですが、直近では、児童書をメインとしない一部の出版社との取引も拡がっており、小さな本屋さんの利用も増えている様子。なお、掛率は出版社ごとに異なり、発注量に応じて送料がかかります。返品はできず「買切条件」での仕入れとなります。

以上が、取次経由の仕入れルートとなります。

新品の本を仕入れる手段　【直取引】の場合

出版社から直接仕入れる「直取引」では、その**取引を各社に直接打診**する必要があります。ですが、出版流通の世界では、先に述べた総合取次を中心とした仕組みがあるため、直取引は、基本、個別で例外的な対応になるということをまずは理解しておく必要があります。そもそも**直取引を一切行わない方針の出版社がほとんど**で、大きい規模の出版社ほど小規模の直取引を苦手とする傾向があります。これは、世に取次（問屋）というプレイヤーが存在する理由を考えてみたらわかるのですが、もし取次がなければ、「すべての書店」と「すべての出版社」は一社一社、大商いから小商いまで、ぜんぶ個別に取引を行わなければならなくなります。これではお互いの事務作業が膨大になりすぎて、本来果たすべき「売る仕事」や「作る仕事」がおろそかになってしまいます。それが取次を挟むことで、書店も出版社も、せいぜい数社とやり取りするだけでよくなるのです。ゆえに、効率面から「直取引は増やせない」とする出版社が多いのは、事実です。

その一方で、**「トランスビュー」**や**「ミシマ社」**が一例ですが、書店との直取引を流通のメインに据えた活動を行う出版社も存在します。なお、トランスビューは出版元でもありますが、自社で培った直取引を他の小出版社と共同利用する仕組み**「トランスビュー取引代行」**を行っており、参加している100社以上の出版社が刊行する書籍をトランスビューの直取引口座から仕入れることができます。また、取次経由メインで活動する出版社でも、小さい本屋さんが増えつつある状況に対応すべく、直取引に柔軟な対応をしていこうとするスタンスは、増加傾向にあります。

それでは、いったいどこの出版社が直取引に応じてくれるのか？　これを調べるには、いったいどうしたらいいのでしょうか。結論としては、各社のホームページにある「書店様へ」のページをポチポチ参照するか、直接電話やメールで問い合わせるなどして、個別にあたっていくしかありません。でも、ひとつひとつそんなことをするのは、大変ですよね。

「一冊！取引所」など取引サイトの活用

そこで重宝するのがコロナ禍の２０２０年ころに普及が始まった、**取引サイトの活用**です。

まず、書店と出版社の現場をつなぐ受発注プラットフォーム**「一冊！取引所」**について。書店ユーザーは無料で参加でき、ログインした状態なら１００社以上の参加出版社がそれぞれ提示する「取引・流通について」の情報を横断的に閲覧できます。もし条件が合えばそのままクリック操作のみでウェブ発注ができ、注文履歴もシステム内に残るためリピート注文も簡単。またチャット機能で相手にメッセージが送れたり、出版社側からTwitterのような感じで担当者イチオシ書籍の案内が届く「一冊！チョイス」という機能もあるため、出版社の中の人と楽しくコミュニケーションを取ることが可能となっています。さらに「一冊！取引所」が窓口となった**直取引代行「一冊！クラブ」**は、バリューブックスの出版部門「バリューブックス・パブリッシング」が編集・制作を手掛けた新刊書籍をミシマ社の直取引口座から仕入れることができる協業の仕組みで、今後参加出版社が増えていく見込みです。

そして特筆すべき他社にはない機能もあります。それは、**クレジットカード払いで直取引ができる「一冊!決済」**という仕組みがあること。一冊!決済対応の出版社が登録した本ならば、直取引口座の開設を打診せずとも、クレカ決済のためすぐに発注することができます。この一冊!決済を応用した試みとして、新たに**リトルプレス専用の市場「一冊!リトルプレス」**も立ち上がり、商業出版の流通に乗らない出版物にまで仕入れの幅を広げています。といった形で、デジタルな使い勝手なのに相手出版社と顔の見えた関係性が持てる、アナログな良さもあるのが「一冊!取引所」の大きな魅力だと思います。

ほかの出版取引サイトでは、株式会社とうこう・あいが運営する**「BookCellar」**があり、トランスビュー取引代行の参加出版社を全て網羅しているのが大きな特徴です。

ちなみに「一冊!取引所」も「BookCellar」も、直取引専用システムではなく、参加する出版社に対して、取次経由の発注を出すことも可能なつくりになっています。ただし、取次取引がある書店のみ利用ＯＫで直取引のみの場合は取次経由の発注は選択できません。そしてFoyerと子どもの文化普及協会については専用システムから発注する必要があるため取引サイトのシステムは非対応です。取引サイトは、よく取次と勘違いされることがあるのですが、あくまでも受発注ウェブサイトでして、注文情報はそれぞれ出版社に直接流れて、各出版社が個別に取次搬入や店舗直送などの出荷処理を行う仕組みとなっています。

あとは、とりわけ異業種で既に店舗運営を行っている方ならば、株式会社ラクーンコマースが運営する事業者専用の卸・仕入れサイト**「スーパーデリバリー」**も選択肢の一つになりそうです。ファッション、家具・インテリア、生活雑貨、電化製品、食品・菓子・飲料・酒、什器・店舗資材といった多様な商材を扱うメーカー、卸が出品するなか、本を出品している出版社もあるため、もし意中の本が出品されているのを見つけたならば、ここから直仕入れを行う手もありそうです。

以上が、出版社と直取引を行う際の方法となります。

「新品の本」と「古本」を一緒に扱うお店も増えている

続けてすこし古本のことも。まずこれまでは考えられなかったのですが、新しいタイプの本屋さんでは、新品の本と古本を同時に取り扱うことが増えています。さらに古本屋さん側でも、新刊書籍を併売しているケースがあります。

古本をお店で売りたい場合は、まずは古物商許可証を取得したのち、**「買取」「古書組合に加入して交換会に参加」「せどり**（他店舗の古本を購入して自店舗で販売し利幅を得る）**」「古本卸の利用」**という4つの仕入れ手段があります。

ちなみに開業当初においては、手元の蔵書を売場に並べて販売することも。自らの蔵書を販売するのみならば仕入れを伴わないため古物商許可証は不要のようです。

取引条件のこと

取次経由で本を仕入れる場合は、その取次会社と取り交わした契約書に記載された取引条件が適用されます。一方、直取引の場合は、各出版社が提示している取引条件がそれぞれ異なるため、事前にしっかり確認しておくことが大切です。

というのも、仕入の手段が多様化したことで、掛率や送料の有無、返品の可否といった取引条件が、同じ出版社の同じ書籍であっても、選んだルートによって変わってくることが起こり得るからです。総合取次1社と取引するのみなら、あまり意識することはないでしょうが、専門取次や少額取引専用サービス、あるいは直取引を駆使したりと複数の手段で仕入れを行う場合、それぞれにおいて取引条件がどうなっているのかを見極めて、自店にもっとも適切な仕入れルートから発注を行うことが肝要です。仕入れ条件が悪く、せっかく本が売れても手元に利益が残らない、なんてことが起こったら悲しいので、お気をつけください。

販売時の注意点　再販制度について

あわせて、新品の本を仕入れて販売する際に充分ご注意いただきたいことがあります。再販制度による定価販売のことです。著作物には再販制度（再販売価格維持制度）があり、出版社は、個々の出版物の小売価格（定価）を決めることができます。この制度があるため、新品の本を仕入れた小売店は、それら書籍や雑誌を出版社が決めた「定価」で販売する必要があります。これにより東京では安く沖縄では高いということが起こらず全国どこでも同じ値段で本が買えることができます。なお、「定価」の記載がない出版物（バーゲンブックやリトルプレスなど）や、中古品である古本の販売においてはその限りではありません。

さいごに

「本をどこから仕入れるか」、いかがだったでしょうか。これを読んで、自分も本屋になれる可能性があることに気づいていただけたら嬉しいです。私は、全国各地で新品の本が買える場所がもっともっと増えたらいいなと思って、今の仕事をしています。自分が今いる立ち位置から、そういう世の中になるよう、努めてまいります。それでは、またの機会にお会いしましょう。

本屋、ひらく
2023年5月27日 初版第一刷発行
2023年9月7日 初版第二刷発行
編　者　本の雑誌編集部
発行人　浜本　茂
発行所　株式会社本の雑誌社
〒101-0051
東京都千代田区神田神保町1-37 友田三和ビル5F
電話　03（3295）1071
振替　00150-3-50378
印　刷　モリモト印刷株式会社
ISBN978-4-86011-477-0　C0095

表紙装画　牧野伊三夫
デザイン　松本孝一
本文イラスト　鈴木浩平
写真（P1〜8）　小原泰広